Ulrich Teusch

Jenny Marx

Ulrich Teusch

Jenny Marx
Die rote Baronesse

5. 09. 2015

12.02

*Jenny M. * Salzwedel 1814*
+ London 2.12.1881

*Carl Marx * Trier 5.05.1818*
+ London 14.03.1883

Lebenslange Liebe 169

Rotpunktverlag

MIX
Papier aus verantwor-
tungsvollen Quellen
FSC® C083411

© 2011 Rotpunktverlag
www.rotpunktverlag.ch

Umschlagbild: Jenny von Westphalen um ca. 1834.
Collection International Institute of Social History, Amsterdam (IISG)
Druck und Bindung: CPI – Clausen & Bosse, Leck
ISBN 978-3-85869-459-1

1. Auflage 2011

INHALT

Für Myrna und Maris

»*Deine Braut ist fähig, alles mit Dir zu ertragen,
und wer weiß, was noch kommen wird.*«

Bruno Bauer an Karl Marx, 1841

»*Jenny hat wohl das merkwürdigste Schicksal
von tausend ihres Geschlechts.*«

Caroline von Westphalen, Jennys Mutter, 1848

»*Man vergißt oft, wie reich man ist,
und man glaubt arm zu sein.
Weh über den Irrtum.*«

Jenny Marx an ihren Mann, 1852

»*… das Leiden stählt,
und die Liebe hält aufrecht.*«

Jenny Marx an Luise Weydemeyer, 1861

»*Sonderbar ist's: je mehr die Geschichte
zur Neige geht, je mehr hängt man
an dem ›irdischen Jammertal‹.*«

Jenny Marx an den Arzt Ferdinand Fleckles, 1880

Kurze Vorbemerkung
über den Mann an ihrer Seite

Jenny Marx hat stets darunter gelitten, wenn ihr Mann öffentlich angefeindet und verleumdet wurde. Dass über Karl Marx bis heute viele Zerrbilder in Umlauf sind, ist allerdings nicht allein seinen zahlreichen Widersachern zuzuschreiben. Auch seine vermeintlichen Freunde haben dazu ihren Beitrag geleistet. Bekanntlich war Marx selbst ausgesprochen skeptisch gegenüber manchen seiner Parteigänger. Und hätte er länger gelebt, würde er noch oft Gelegenheit gehabt haben, seinen berühmten Ausspruch anzubringen: »Ce qu'il y a de certain, c'est que moi je ne suis pas Marxiste« (Eines steht fest: dass *ich* kein Marxist bin).

Zehn Jahre nach dem Tod ihres Vaters hielt Eleanor Marx einen politischen Vortrag in Aberdeen. In der anschließenden Diskussion musste sie sich von einem besonders radikalen linken Kritiker darüber belehren lassen, was Marx »wirklich« gedacht und gewollt habe. Sie hörte geduldig zu, erhob sich dann von ihrem Platz und sagte mit spöttischem Pathos: »Möge der Himmel Karl Marx vor seinen Freunden schützen!«

Als 1989 und danach einige verknöcherte Diktaturen implodierten, meinten viele, nun könne man Marx endgültig zu den Akten legen, könne seine Schriften in alte Apfelsinenkisten packen und auf den Speicher verfrachten – oder auf die Müllhalde. Die so dachten und redeten, waren pikanterweise oft dieselben, die noch einige Jahre zuvor, zu Zeiten des Kalten Krieges, vehement und mit Recht darauf insistiert hatten, dass sich das marxsche Verständnis von Sozialismus himmelweit von den Diktaturen nach Moskauer Art unterscheide.

Inzwischen hat sich der *wind of change* schon wieder gedreht. Solange es Menschen gibt, die an einen kausalen Zusammenhang von Freiheit und Gleichheit glauben, werden sie auch Marx lesen. Wie Aristoteles, Machiavelli oder Kant ist auch er ein ewig junger Klassiker, dem wir fundamentale Einsichten, stetige Anregung verdanken – und der selbst in seinen Irrtümern noch Größe zeigt. Nein, um Marx braucht sich niemand zu sorgen.

Sorgen muss man sich freilich um einige Menschen aus seinem Umfeld. Sie drohen tatsächlich dem Vergessen anheimzufallen: die eben erwähnte Eleanor zum Beispiel, jene wunderbare jüngste Tochter, die ein so tragisches Schicksal hatte. Und natürlich Jenny Marx, geborene von Westphalen, seine Lebensgefährtin. Ohne diese Frau, hat Heinrich Böll gesagt, wäre Marx' Werk, wäre sein Leben undenkbar. Seine Ehe mit Jenny von Westphalen sei es gewesen, »die Karl Marx wahrscheinlich vor dem Schicksal der drei anderen verkannten großen Deutschen seines Jahrhunderts, Kleist, Hölderlin, Nietzsche, bewahrte: Selbstmord zu begehen oder wahnsinnig zu werden«.

Es gibt also Grund genug, sich mit dieser außergewöhnlichen Frau zu beschäftigen. Beabsichtigt ist keine ausladende und detaillierte Biografie, sondern ein Porträt, der Versuch, sie und ihr Leben zu verstehen, ihre Leistungen zu würdigen – wobei sie selbst ausgiebig zu Wort kommen wird. Das Buch richtet sich an Menschen, die sich noch oder wieder oder zum ersten Mal für Jenny Marx (und ihren Mann) interessieren.

Eine Frau im vorgerückten Alter

Im Dezember 1863 besucht Karl Marx seine Geburtsstadt Trier. Seine Mutter Henriette, eine geborene Presburg, einer alten, weitverzweigten jüdischen Familie entstammend, war im Alter von 75 Jahren gestorben. Mutter und Sohn hatten seit vielen Jahren ein gespanntes Verhältnis. Der fast immer von Geldsorgen geplagte Marx hätte gerne schon zu ihren Lebzeiten auf sein Erbteil zugegriffen. Doch Henriette war nicht besonders konzessionsbereit, was ihr der Sohn verübelte.

Vermutlich ist Marx mit zwiespältigen Gefühlen in jene Stadt gereist, in der er die ersten siebzehn Jahre seines Lebens verbracht hatte. Einerseits bestand nun endlich Aussicht auf die ersehnte Erbschaft. Andererseits dürfte der Tod seiner Mutter – ungeachtet ihres Zerwürfnisses – den Sohn nicht unberührt gelassen haben. Sicher hat er in ihm Erinnerungen an jene Zeiten wachgerufen, da das Verhältnis der beiden noch ungetrübt, ja liebevoll gewesen war.

Überhaupt scheint Marx, der damals im Zenit seines Schaffens stand und sich anschickte, endlich den ersten Band seines Hauptwerks *Das Kapital* abzuschließen, den Besuch an der Mosel zum Anlass genommen zu haben, noch einmal die alten grünen Pfade der Erinnerung zu wandeln. Wenige Tage nach seiner Ankunft, am 15. Dezember 1863, schreibt er seiner Frau: »Liebe gute Herzensjenny, … Wenn ich Dir so spät erst schreibe, geschah es sicher nicht aus Vergeßlichkeit. Umgekehrt. Ich bin täglich zum alten Westphal[en]schen Hause gewallfahrt[et] (in der Römerstraße), das mich mehr interessiert hat als alle römischen Altertümer, weil es mich an die glücklichste Jugendzeit erinnert und meinen besten Schatz barg. Außerdem fragt man mich täglich, links und rechts, nach dem quondam ›schönsten Mädchen von Trier‹ und der ›Ballkönigin‹. Es ist verdammt angenehm für einen Mann, wenn seine Frau in der Phantasie einer ganzen Stadt so als ›verwunschene Prinzessin‹ fortlebt.«

Die »liebe gute Herzensjenny«! Das war jene Frau, mit der Marx – nach siebenjähriger Verlobungszeit – nun schon zwanzig Jahre verheiratet war. Jenny hat den Brief wohl kurz vor Weihnachten erhalten, in London, wo sie und ihr Mann seit 1849 unter prekären Verhältnissen im politischen Exil lebten, zusammen mit den drei Töchtern Jenny, Laura und Eleanor sowie der Hausgehilfin Helene (Lenchen) Demuth.

Auch Jenny hatte ein kühles Verhältnis zu Henriette Marx. Einer guten Freundin gestand sie freimütig, dass die Nachricht vom Tod ihrer Schwiegermutter sie nicht sonderlich belastet habe: »Es wäre Heuchelei, wenn ich sagen wollte, daß ich bei der Kunde sentimental war.« Gewiss aber dürfte sein, dass der reizende Brief ihres Mannes sie in eine sentimentale Stimmung – wenn auch ganz anderer Art – versetzt hat. Nicht auszuschließen, dass er der gefühlvollen Jenny Tränen entlockte. Balsam auf ihre seelischen Wunden war er allemal.

Unmittelbar nachdem er vom Tod der Mutter unterrichtet worden war, schrieb Marx an seinen Freund Friedrich Engels in Manchester: »Ich selbst stand schon mit einem Fuß unter der Erde. Unter den gegebnen Verhältnissen [bin] ich jedenfalls noch nötiger als die Alte. Ich muß der Erbschaftsreglung wegen nach Trier.«

Marx übertreibt kaum: Wenige Wochen zuvor waren bei ihm erstmals jene großen, schmerzhaften, lebensbedrohlichen Hautgeschwüre ausgebrochen, die ihn noch jahrelang immer wieder befallen und quälen sollten und die familienintern oder in Korrespondenzen als »Karbunkel« oder – englisch – *carbuncle* bezeichnet wurden. Eigentlich befand er sich nicht in der körperlichen Verfassung, um die Strapaze einer Reise nach Deutschland auf sich zu nehmen.

Doch der Arzt gab sein Plazet, meinte gar, dass die in Aussicht stehende Luftveränderung die Reisebelastungen aufwiegen und der Genesung förderlich sein könne. Und so hat wohl auch Jenny trotz Bedenken der Reise ihres Mannes zugestimmt. Unterwegs aber brach die Krankheit erneut mit Heftigkeit aus. Nachdem er in Trier einige Nachlassformalitäten erledigt hatte, schaffte es Marx gerade noch über Frankfurt ins niederländische Zaltbommel. Dort lebte sein Onkel Lion Philips, ebenso seine »liebenswürdige, witzige und mit gefährlich schwarzen Augen versehene« Kusine Antoinette (Nanette). Mit beiden pflegte er über etliche Jahre ein ausgesprochen herzliches Verhältnis, und seine charmanten Briefe an Nanette hätten die von Eifersucht nicht freie Jenny möglicherweise nachdenklich gestimmt, wären sie ihr unter die Augen gekommen.

Marx fühlte sich so elend, war so krank, dass er wochenlang gepflegt und versorgt werden musste. Erst in der zweiten Februarhälfte 1864 war er so weit wieder hergestellt, dass an eine Rückkehr zu Frau und Kindern zu denken war. In London musste die Familie also nicht nur das Weihnachtsfest, sondern auch die ersten Wochen des neuen Jahres ohne ihren »Mohr« verbringen, wie der Spitzname des Familienoberhaupts lautete. Zumindest die Weihnachtstage scheinen dennoch fröhlich und ausgelassen verlaufen zu sein. Nachdem sie ein paar Tage lang keinen Brief mehr von ihrem »Herzens-Karl« bekommen hatte, ergriff die ungeduldige Jenny eine »couleur de rose Initiative, um dem fast 8tägigen Stillstand in unsrer Korrespondenz ein Ende zu machen« und berichtet, dass die Lormiers, eine befreundete, vermutlich aus Frankreich stammende Familie, an einem der Weihnachtsabende zu Gast gewesen seien und bis nach zwei Uhr »ihre mitternächtigen Tanz- und Singgelage« gefeiert hätten. An einem anderen Abend sei die ganze Familie ins Theater ausgeflogen und von der Vorstellung »höchlich befriedigt« nach Hause gekommen. Und schließlich erzählt Jenny von den Freuden und Weihnachtsaktivitäten der Kinder; die beiden älteren Schwestern Jenny und Laura hätten der kleinen Eleanor »mehr als 20 Puppen in allen möglichen costumes zurechtgemacht« – und natürlich werde der Vater arg vermisst.

Ob wirklich alles so heiter war? Oder hat Jenny in ihrem Brief die Farben absichtsvoll etwas dick und leuchtend aufgetragen, um ihren leidenden Mann jenseits des Kanals ein wenig aufzumuntern? Etwa zwei Jahre später jedenfalls, als sie ihre kleine, unvollendet gebliebene autobiografische Skizze »Kurze Umrisse eines bewegten Lebens« verfasst, spricht sie in Erinnerung an die Wochen von Ende 1863 bis Anfang 1864 von einer »schrecklichen Zeit«, von einem »einsamen, trostlosen Winter«. Noch bitterer fällt Ende 1864 der Brief an ihre

Freundin Ernestine Liebknecht aus. »Fern von ihm [Karl Marx], von Angst und Sorgen gefoltert, von einer durch die lange, kostspielige Krankheit stark angeschwollenen Schuldenlast fast erdrückt, beinahe des Atmens beraubt, saßen wir da, traurig, vereinsamt, hoffnungsarm.«

Im Jahr davor, Weihnachten 1862, war es Jenny noch schlechter ergangen. Da war sie, getrieben von Geldsorgen und von der Hoffnung, bei einem alten Pariser Freund Hilfe zu finden, allein in die französische Hauptstadt gereist, nur um dort zu erfahren, dass besagter Freund nach einem Schlaganfall im Sterben lag. In pekuniärer Hinsicht war die Reise gänzlich umsonst gewesen – und obendrein durch eine beinahe tragikomische Verkettung von Unglücken und Missgeschicken derart belastet, dass Jenny froh sein musste, kurz vor Weihnachten wieder heil in London angelangt zu sein. Doch statt nun endlich zur Ruhe zu kommen und das Fest zu genießen, bemerkte sie gleich, als sie ihr Haus betrat, »eine auffallende Stille«: »da ward mir denn die schmerzliche Kunde, daß unsre gute, treue kleine Marianne [Marianne Creutz, die jüngere Halbschwester von Lenchen Demuth, die seit einigen Jahren im marxschen Haus lebte und arbeitete] ein paar Stunden vor meiner Rückkehr an einer Herzkrankheit verschieden war. ... Am Weihnachtsabend ward sie in den dunkeln Sarg gebettet und am Sonnabend darauf von Lehnchen, Karl und den lieben Mädchen auf ihrem letzten Gange hinaus zu ihrer letzten Ruhestätte begleitet.«

»Es ist dies ein schöner Christspektakel für die armen Kinder«, kommentiert Marx gegenüber Engels in der für ihn typischen Mischung aus Sarkasmus und Verzweiflung. Anders die Tonlage Jennys: »In stiller Trauer und Wehmut begingen wir die Festtage, und da gab es kein Bäumchen, keinen plumpudding, keinen holly, keinen mistletoe – das ganze Haus war still und traurig und noch bis heute [16. Januar 1863] ist die schmerzliche Stimmung nicht verhallt, so daß der heutige Geburtstag Tussichens [Tussy lautete der Spitzname von Tochter Eleanor] auch der alten Heiterkeit und der alten Scherze entbehrt.«

Zwei Jahre zuvor, 1860, war Jenny selbst nur mit großem Glück dem Tod entronnen. Da musste sie eine schwere Infektion mit schwarzen Pocken überstehen, die sie wochenlang ans Bett fesselte und auch sichtbare körperliche Spuren hinterließ. In jener Zeit, Anfang der 1860er-Jahre, ging Jenny auf die fünfzig zu. Erstmals machte sich bei ihr das Gefühl bemerkbar, im »vorgerückten Alter« zu stehen, eine »elderly lady« zu werden – gewiss eine schmerzliche Erkenntnis für eine Frau, die lange so jugendlich ausgesehen hatte, dass der Schriftsteller Georg Herwegh, als er die damals knapp Dreißigjährige in Paris kennenlernte, sie charmant-scherzhaft fragte, wann sie denn konfirmiert worden sei.

Umso belebender dürften auf Jenny jene Zeilen gewirkt haben, die Karl ihr aus Trier geschickt hatte. Vielleicht gab sie sich nun Reminiszenzen hin, tauchte wieder ein in ihre Kinder-, Jugend- und Brautjahre. Auch diese knapp drei Jahrzehnte während erste Lebensphase, als sie ihren Mädchennamen von Westphalen trug, war keineswegs ungetrübt verlaufen, war nicht frei von Sorgen und düsteren Ahnungen. Aber das alles wurde letztlich doch überstrahlt von der Geborgenheit ihres Elternhauses, der Güte und Herzlichkeit ihrer Mutter, dem intellektuellen Horizont und der geistigen Vitalität ihres Vaters – nicht zuletzt aber von ihrer großen, bedingungslosen Liebe zu Karl Marx, die von diesem ebenso bedingungslos erwidert wurde. Wer oder was sollte sie angesichts solcher Voraussetzungen hindern, ihr Lebensglück zu finden und festzuhalten?

Liebesbande – Familienbande

Jenny von Westphalen und Karl Marx haben sich wohl schon als Kinder gekannt. Jenny war mit Karls Schwester Sophie befreundet, Karl mit Jennys Bruder Edgar. Die beiden Jungen waren Klassenkameraden, besuchten das von einer Reihe fortschrittlicher Lehrer geprägte Trierer Friedrich-Wilhelm-Gymnasium, wo sie 1835 ihr Abitur bestanden – übrigens ein Abitur auf einem Anspruchsniveau, wie man es sich heute kaum noch vorstellen kann. Edgar hatte obendrein eine Schwäche für Karls Schwester Emilie, und offenbar war die Zuneigung so stark, dass er diesen Umstand noch als alter Mann in einem Brief an Friedrich Engels erwähnte. Konkretes hat sich allerdings nicht daraus entwickelt, wie so oft bei Edgar. Zumindest altersmäßig hätten die beiden gut zueinander gepasst – Edgar war drei Jahre älter als Emilie –, besser jedenfalls als Karl und Jenny. Denn Karl, 1818 geboren, war immerhin vier Jahre jünger als seine spätere Braut. Als diese zu einer blühenden Frau herangereift war und von ihrer Mutter Caroline allmählich in die Trierer Gesellschaft eingeführt wurde, um dort schon bald für Furore zu sorgen, steckte Karl noch in der Pubertät.

Auch in den Jahren vor ihrer Liaison haben Karl und Jenny viel Zeit miteinander verbracht. Karl Marx ging im Hause seines späteren Schwiegervaters, Johann Ludwig von Westphalen (1770 –1842), offenbar ein und aus. Er begleitete ihn –

oft zusammen mit Jenny und Edgar – auf langen Spaziergängen, ließ sich von ihm belehren, von seiner außerordentlichen Belesenheit gefangen nehmen. Jennys Vater, zum zweiten Mal verheiratet und im preußischen Staatsdienst tätig, war ein hochgebildeter Mann; er sprach mehrere Sprachen fließend und galt als intimer Kenner von Shakespeare und Homer. Karl Marx hat in Trier viele geistige Anregungen empfangen: durch seine ausgezeichneten Lehrer, durch seinen in französischer Aufklärungsphilosophie bewanderten und politisch wachen Vater, vor allem jedoch durch Johann Ludwig von Westphalen, diesen »jugendstarken Greis«, wie er ihn in der Widmung seiner Doktorarbeit nennt, um dann fortzufahren: »Sie, mein väterlicher Freund, waren mir stets ein lebendiges argumentum ad oculos, daß der Idealismus keine Einbildung, sondern eine Wahrheit ist.«

Nicht minder stark beeinflusst hat der alte Westphalen natürlich seine Jenny. Ihre für Frauen der damaligen Zeit bemerkenswerte Bildung verdankte sie gewiss nicht allein der Schule. So hat der Vater sie schon früh in die englische Sprache eingeführt, ihr weiterführende Privatstunden finanziert oder sie animiert, in einem französischen Lesezirkel mitzuarbeiten.

Johann Ludwig vermittelte den Kindern nicht allein klassisches Bildungsgut. Im damaligen Trier waren soziale Verwerfungen und Schieflagen mit Händen zu greifen. Man darf annehmen, dass solche Erscheinungen in den Gesprächen eine Rolle gespielt haben, zumal Jennys Vater nachweislich ein sozial sensibler Mensch war, der sich auch beruflich – durch seine Zuständigkeit für die Gendarmerie, für Gefängnisse, Hospitäler, Wohltätigkeitsanstalten – mit entsprechenden Problemen befassen musste. Dass er über all dies auch theoretisch reflektierte, bezeugt seine Lektüre der Schriften Saint-Simons. Und sicher ist wohl auch, dass er mit seinen heranwachsenden Gesprächspartnern den im engeren Sinne politischen Fragen keinesfalls ausgewichen ist. Alles andere wäre in Zeiten der französischen Julirevolution von 1830 oder des Hambacher Festes 1832 auch nur schwer vorstellbar.

Jenny von Westphalen hat ihren Vater geliebt, Karl Marx hat ihn hoch verehrt. Als Johann Ludwig von Westphalen im März 1842 starb, hatte Marx zuvor wochenlang an seinem Krankenlager und schließlich an seinem Sterbebett gewacht.

Was Marx in seinem eingangs zitierten Brief berichtet – dass man sich in Trier noch nach über zwei Jahrzehnten an Jenny als das schönste Mädchen der Stadt und als Ballkönigin erinnerte –, scheint keine Übertreibung gewesen zu sein. Die junge Frau hat in ihrer Heimatstadt einen nachhaltigen Eindruck hinterlassen. Als sie dreizehn wurde, schrieb Mutter Caroline stolz, Jenny sei »schön an Seel und Körper, sie ist unsere wahre Freude im Hause«. Auch ihrem fünfzehn Jahre älteren Halbbruder Ferdinand, mit dem Jenny über viele Jahre ein äußerst gespanntes, konfliktträchtiges Verhältnis hatte, ist die Attraktivität der jungen Frau nicht entgangen. In einem Brief aus dem Jahr 1831 berichtet er, dass die damals Siebzehnjährige fleißig von »Curmachern« umschwärmt werde; Jenny setze diesen jedoch ihr »sang froid« entgegen, »was in diesem Stücke gut angebracht« sei. Und in seinen mehrere Jahrzehnte später zu Papier gebrachten Lebenserinnerungen blickt Ferdinand zurück auf den August 1834. Damals zu Besuch in Trier, beobachtet er, dass Mutter Caroline ein lebhaftes Interesse am »Eintritt ihrer Tochter Jenny in die Welt« gefasst habe und ihre ganze Aufmerksamkeit den gesellschaftlichen Verpflichtungen widme. »Jenny war ein mit den Reizen der Jugend ausgestattetes, schönes Mädchen, ausdrucksvollen Antlitzes, durch ihren hellen Verstand und energische Charakter-Anlagen die meisten ihrer Altersgenossinnen überragend. Es konnte nicht fehlen, daß sie unter den jungen Männern aller Augen auf sich zog. ...«

Die überlieferten Bilder bestätigen es: Jenny, rank und schlank, mit ebenmäßigen Gesichtszügen, üppigem, in der Mitte gescheiteltem Haar. Manchmal liest man, es sei blond gewesen, sie selbst spricht in einem Brief von braunem Haar – was wahrscheinlicher ist. Doch das Äußere ist es nicht allein: Jenny ist charmant, witzig, anmutig, geistvoll, intelligent. Eine strahlende Erscheinung, und wo sie auftritt, ist sie von Verehrern umschwärmt. Schon mit siebzehn verlobt sie sich. Ihre Gunst schenkt sie einem jungen preußischen Berufsoffizier, dem Sekondeleutnant Karl von Pannewitz (1803–1856). Doch Jenny ist seiner bald überdrüssig – und löst die Verbindung wieder. Was sie sucht, ist nicht so leicht zu finden, jedenfalls nicht in ihren Kreisen.

Als sie im Juni 1838 ihren Halbbruder Carl zur Kur ins elsässische Niederbronn-les-Bains begleitet, liefert sie in einem Brief an ihre Mutter eine bissige soziologische Analyse des dortigen Publikums, die deutlich zeigt, wes Geistes sie ist – oder zu werden im Begriff steht.

»Unsre Tischgesellschaft besteht größtenteils aus Stockfranzosen, Fabrikherren, Kaufleuten. Hier dreht sich denn die Unterhaltung meistens ums liebe Geld, wie man's gewinnt und wieder verliert, um Eisenbahnaktien, Wälderverkäufe, Hüttenwerksbetrieb, Fabrikwesen, und das Höchste, was einer dieser Gesellen vom andern sagen kann, ist: ›Oh, il sait faire une belle fortune!‹ – in diesem Ausspruch liegt bei ihnen der Inbegriff aller Vollkommenheiten.«

Nein, Jennys Wahl fällt nicht auf einen Geldsack, auch nicht auf einen Adligen oder einen Offizier. Sie entscheidet sich für jenen vier Jahre jüngeren Kumpanen, den sie seit Kindertagen kennt. Wohl tausendmal schon haben sie sich berührt. Doch zur großen Liebe wird ihre Beziehung erst 1836. Da verbringt der inzwischen 18-jährige Karl, der seit einem Jahr in Bonn studiert, seine Semesterferien in Trier. Die beiden ahnen, worauf sie sich einlassen – und halten ihre Verlobung fürs Erste geheim. Nur wenige Brautbriefe Jennys haben die Zeiten überdauert.

»Schwarzwildchen, wie freu' ich mich, daß Du froh bist und daß mein Brief Dich erheitert und daß Du Dich nach mir sehnst und daß Du in tapezierten Zimmern wohnst und daß Du in Köln Champagner getrunken hast und daß es da Hegel-Klubs gibt und daß Du geträumt hast und daß Du, kurz, daß Du mein, mein Liebchen, mein Schwarzwildchen bist. ...

Auf jeden Finger einen Kuß, und nun hinaus in die Weite. Fliegt, fliegt zu meinem Karl, und preßt Euch so heiß auf seine Lippen, als sie ihnen warm und innig entströmt sind; und dann hört auf, stumme Boten der Liebe zu sein, und flüstert ihm zu all die kleinen süßen heimlichen Lieblichkeiten, die

Liebe Euch eingibt – erzählt ihm alles –, aber nein, laßt noch was [übrig] für Eure Herrin.

Leb wohl, teurer Einzig.

Ich kann nicht mehr, sonst wird's mir ganz wirr im Kopf.«

1895 hat Eleanor, die jüngste Tochter von Karl und Jenny Marx, Erinnerungen an ihre Eltern veröffentlicht, in denen sie schreibt: »Es ist keine Übertreibung, wenn ich sage, ohne Jenny von Westphalen hätte Karl Marx niemals der sein können, der er war. Beide paßten vollkommen zusammen und ergänzten sich. Von außerordentlicher Schönheit, welche die Bewunderung Heines, Herweghs und Lassalles erregte, voll glänzender Begabung und Witz ragte Jenny von Westphalen aus Tausenden hervor. Als Kinder spielten Karl und Jenny zusammen, als Jüngling und Jungfrau – er 17, sie 21 – verlobten sie sich, und wie Jakob um Rachel diente Marx um Jenny 7 Jahre, bevor er sie heimführte.«

Man hat Eleanor vorgeworfen, dass sie die Lebenswirklichkeit ihrer Eltern verklärt und »die schönsten Legenden« gestrickt habe. Auch wenn das so pauschal gewiss nicht zutrifft, hat sie durch Äußerungen wie die gerade zitierte solchem Eindruck Vorschub geleistet, zumindest was die ach so märchenhafte siebenjährige Verlobungszeit angeht. Diese hatte zwar in der Tat romantisch-überschwängliche Züge, doch es gab da auch die andere Seite der Medaille. Als Eleanor zusammen mit ihrem Vater 1876 zur Kur nach Karlsbad fuhr und Marx auf der Rückreise den Weg über Bingen und Kreuznach wählte, um seiner Tochter die Gegend zu zeigen, in der er und Jenny geheiratet und die Flitterwochen verbracht hatten, wird er ihr – vermutlich zum wiederholten Mal – auch von den aufreibenden Kämpfen erzählt haben, die die beiden damals auszufechten hatten. Auch anderen gegenüber hat Marx in dieser Angelegenheit kein Blatt vor den Mund genommen. An Arnold Ruge schrieb er im März 1843, kurz vor seiner Hochzeit:

»Lieber Freund! … Ich kann Ihnen ohne alle Romantik versichern, daß ich von Kopf bis Fuß und zwar allen Ernstes liebe. Ich bin schon über 7 Jahre verlobt, und meine Braut hat die härtesten, ihre Gesundheit fast untergrabenden Kämpfe für mich gekämpft, teils mit ihren pietistisch-aristokratischen Verwandten, denen ›der Herr im Himmel‹ und der ›Herr in Berlin‹ gleiche Kultusobjekte sind, teils mit meiner eignen Familie, in der einige Pfaffen und andre Feinde von mir sich eingenistet haben. Ich und meine Braut haben daher mehr unnötige und angreifende Konflikte jahrelang durchgekämpft als manche andre, die dreimal älter sind und beständig von ihrer ›Lebenserfahrung‹ … sprechen.«

Nach der heimlichen Verlobung wurden zunächst Heinrich und Henriette Marx ins Vertrauen gezogen, dann Jennys Eltern. Als die Sache publik wurde, trat ein, was zu befürchten war: Es gab Schwierigkeiten. Aber was sprach gegen die Verbindung der beiden jungen Menschen, die sich doch offenkundig so sehr liebten?

War es etwa die jüdische Herkunft des Bräutigams, die in der Familie der Braut für Aversionen sorgte? Marx selbst hat diese Vermutung noch gegen Ende seines Lebens scharf zurückgewiesen: »Diese ganze Geschichte ist eine *glatte Erfindung*; es gab *keine Vorurteile zu überwinden*.«

Was also war es dann? Der Umstand etwa, dass die beiden Familien nicht »auf Augenhöhe« standen, die einen adelig waren, die anderen bürgerlich? Hat Karl Marx mit der Wahl Jenny von Westphalens zu hoch gegriffen – und Jenny mit der Wahl Karls zu tief?

Zunächst: Zwischen den Familien haben keine Berührungsängste bestanden. Sie waren beide der städtischen Oberschicht oder jedenfalls den »besseren Kreisen« zuzurechnen. Marx' Vater, der Anwalt, später Advokatanwalt und Justizrat Heinrich Marx (1777–1838), war am Trierer Appellationsgerichtshof tätig. Er kann sicherlich zum höheren, bildungsbeflissenen Bürgertum, zur Hautevolee, gezählt werden. Um seine berufliche Existenz nicht zu gefährden, sah er sich genötigt, vom jüdischen zum protestantischen Glauben zu konvertieren. Das war für ihn unzweifelhaft ein schwieriger und schmerzhafter Schritt, denn fast alle Trierer Rabbiner seit dem 17. Jahrhundert hatten zu seinen Vorfahren gehört. Das Datum seines Übertritts ist nicht exakt festzustellen, lag aber offenbar zwischen 1816 und 1819. Seine Kinder, unter ihnen Karl, wurden im August 1824 getauft, Henriette Marx schließlich im November 1825.

Mit Jennys Vater, dem preußischen Regierungsrat, war Heinrich Marx gut bekannt, hatte beruflich mit ihm zu tun. Zudem stimmten die beiden in vielen politischen und sozialen Fragen überein. Sie waren Mitglieder der liberalen Casino-Gesellschaft, die im städtischen Leben Triers eine herausragende Rolle spielte und in der Stadtmitte, am Kornmarkt, ihr repräsentatives Domizil unterhielt. Wahrscheinlich kann man von einer – durch die Beziehungen der Kinder vermittelten oder intensivierten – Freundschaft zwischen den beiden Männern ausgehen.

Und die andere Seite? Mit dem Adel derer von Westphalen war es keineswegs so weit her, wie zuweilen glauben gemacht wurde. Denn dieser Adel war weder alt noch hoch. Die Familie gehörte zum preußischen Dienstadel, wobei Jenny und ihre Geschwister erst die dritte Generation repräsentierten. Die Adelsgeschichte der Familie beginnt mit Christian Heinrich Philipp von Westphalen, Jennys Großvater. Er war ein brillanter Militärstratege und leistete seinem Herrn, dem Herzog Ferdinand von Braunschweig-Lüneburg, in dessen Feldzügen als faktischer Generalstabschef unschätzbare Dienste. Man hat ihn den »Gneisenau des Siebenjährigen Krieges« genannt. Nicht zuletzt in Anerkennung dieser Leistungen wurde ihm 1764 von Kaiser Franz I. der Titel »Edler von Westphalen« verliehen. Damit war für ihn der Weg frei, seine Geliebte, die Schottin Jeanie Wishart of Pittarow, zu heiraten. Wenn es eine Spur von »Erzadel« in der Familie von Westphalen gibt, dann ist er dieser Jeanie – also: Jennys Großmutter väterlicherseits – zu verdanken. Ihr Vater, der ranghohe Geistliche George Wishart, konnte seinen Stammbaum bis ins 11. Jahrhundert zurückverfolgen; seine Familie war mit den bedeutendsten Adelsfamilien Schottlands verschwägert. Jeanies Mutter, Ann Campbell, war die einzige Tochter von John Campbell of Orchard aus dem Hause Argyle (Argyll). Auch dieser Clan konnte auf eine ehrwürdige Tradition zurückblicken; seit Mitte des 15. Jahrhunderts führte man hier den Titel eines Earl, seit 1701 den eines Herzogs. In seiner 1860 publizierten Streitschrift *Herr Vogt* erinnert Marx daran, dass Jakob II. einen der Vorfahren seiner Frau, den Earl Archibald Argyle, auf dem Markte zu Edinburgh als Rebell enthaupten ließ.

Jenny hat ihre Großmutter nicht mehr kennengelernt, wohl aber jene legendären Erbstücke aus der schottischen Linie – kostbares Tafelsilber, Damastservietten –, die später Teil ihrer Aussteuer wurden und in Zeiten der Not des Öfteren ins Pfandhaus wanderten. Einmal brachten sie Marx sogar in die Bredouille: So schäbig und abgerissen, wie er gekleidet war, wollte der Pfandleiher ihm zunächst nicht glauben, dass die von ihm angebotenen Gegenstände sein rechtmäßiger Besitz seien; es hätte nicht viel gefehlt und er wäre im Gefängnis gelandet.

Philipp und Jeanie hatten vier Söhne, darunter Jennys Vater. Er heiratete 1798 durchaus standesgemäß Elisabeth von Veltheim. Aus dieser Ehe sind abermals vier Kinder hervorgegangen, zwei Jungen und zwei Mädchen. Der Erstgeborene, der bereits erwähnte Ferdinand (1799 –1876), hat es später zu einer gewissen Berühmtheit gebracht: Er war von 1850 bis 1858, also in der Reaktionsperiode nach der gescheiterten Revolution von 1848/49, preußischer Innenminister.

Als Johann Ludwig von Westphalens Frau viel zu früh, nach kaum zehn Jahren Ehe, 1807 verstarb, fand man eine Lösung, die seinerzeit nicht unüblich war: Die beiden Töchter wurden zu weiblichen Verwandten gegeben, die Söhne blieben im väterlichen Haushalt. 1812 heiratete Ludwig dann erneut, und zwar die »bürgerliche« Caroline Heubel (1779–1856). Sie ist die leibliche Mutter von Jenny, von Edgar und einer weiteren Tochter namens Laura, die aber nur vier Jahre alt wurde.

Weil nicht sonderlich praktisch veranlagt, sicherlich aber auch aufgrund seiner schwierigen Familienverhältnisse, hat Johann Ludwig es nicht vermocht, ein nennenswertes Vermögen zu schaffen oder zu sichern. Er lebte im Wesentlichen von seinen Einkünften als preußischer Staatsdiener. Seine letzte Tätigkeit, bevor er nach Trier kam, war die eines Landrats in Salzwedel. Nachdem dort 1813 die französische Besetzung beendet und die preußische Herrschaft etabliert worden war, erhielten die Gutsbesitzer schon bald wieder das Recht zur Landratswahl. Ein liberaler Mann wie von Westphalen war da ohne Chance. Er wurde 1816 nach Trier versetzt und fungierte fortan als »Erster Rat« bei der dortigen (Bezirks-) Regierung; in den verfügbaren Quellen wird er freilich durchweg als »Regierungsrat« bezeichnet, obwohl er das entsprechende Patent nicht erhalten hat. Die Versetzung hatte für ihn sicherlich einen bitteren Beigeschmack, fühlte er sich doch in eine Randregion des Staates abgeschoben. Für die preußische Regierung dürften aber auch andere Gesichtspunkte eine Rolle gespielt haben: In Berlin hatte man zumindest anfänglich ein starkes Interesse daran, die Bevölkerungen der neu einverleibten rheinischen Gebiete, die mit der vorangegangenen französischen Herrschaft keineswegs nur schlechte Erfahrungen gemacht hatten und – zumal in Trier – aufklärerischen Ideen zuneigten, nicht unnötig zu provozieren. Ein als liberal und sozial bekannter Mann wie Johann Ludwig von Westphalen schien da ein angemessenes personelles Angebot.

Johanna Bertha Julie »Jenny« von Westphalen war noch in Salzwedel geboren worden, am 12. Februar 1814. Sie kam also als Kleinkind nach Trier, wuchs hier auf, fand hier ihre Heimat. Jennys Vater verdiente als Regierungsrat 1800 Taler im Jahr. 1834, nach seiner Pensionierung, verringerten sich die Bezüge auf 1125 Taler. Damit konnte man in Trier zwar auskommen, aber von Reichtum kann keine Rede sein. Bedenkt man, dass sein Sohn Edgar wie im Übrigen auch Karl Marx während ihres Studiums in Berlin durchschnittlich etwa 500 Taler im Jahr verbrauchten, hat man einen recht guten Vergleichsmaßstab. Als Ferdinand, der hartnäckigste Gegner einer Heirat von Karl und Jenny, die Einkommensverhältnisse der Familie Marx einmal als »nur mittelmäßig« bemäkelte, hätte man ihm entgegenhalten können, dass es im Hause seines Vaters auch nicht viel besser aussah.

In der Familie Westphalen herrschten Spannungen und Animositäten, die Jenny das Leben schwermachten und ihre Liebe zu Karl Marx bedrohten. Die Konfliktlinie verlief nicht etwa zwischen den Eltern, die eine glückliche und harmonische Ehe führten, sondern zwischen einigen Kindern aus erster und aus zweiter Ehe sowie entfernteren Verwandten. Obwohl Mutter Caroline ihren Stiefkindern ebenso viel Liebe schenkte wie den leiblichen, konnte sie insbesondere Ferdinands Herz nicht gewinnen. Immer wieder finden sich in seinen schriftlichen Hinterlassenschaften offen abfällige Bemerkungen über seine Stiefmutter. Ende 1829 zum Beispiel spricht er in einem Brief an seine in Braunschweig lebende Braut von »gleichgültigen abstoßenden Personen« – gemeint sind Caroline und deren im westphalenschen Hause lebende Schwester. Und auch in seinen viele Jahre später entstandenen Lebenserinnerungen stellt er fest, dass seine Mutter im Hinblick auf »Bildungsstandpunkt und Begabung« von ihrem Gatten »so ganz verschieden« gewesen sei. Das habe sich auch in der Erziehung der Kinder niedergeschlagen. »Das leitende Prinzip der Mutter war, den lieben Kindern ihren Willen zu lassen! – sie wurden von ihr, man kann sagen, ihnen ins Angesicht gelobt, selbst wenn sie dumme Streiche machten; und was sich nicht schickte, ward entschuldigt oder – nicht gesehen; vor allem aber Fremden, den Freunden gegenüber, wurden der Kinder vortreffliche Eigenschaften herausgestrichen.«

Zum Vater war Ferdinands Verhältnis zwar besser und respektvoller, erkennbar geprägt wurde er von ihm jedoch nicht. Nach den Worten von Marx war Ferdinand ein »Aristokrat comme il faut«, voller Standesdünkel, konservativ, ja reaktionär, und über die Maßen religiös. Als Jenny schon lange in London lebte, spöttelte sie in einem Brief an Engels, der fromme Ferdinand habe es dem Vater nie verzeihen können, dass dieser nur shakespeare-, aber nicht bibelfest gewesen sei …

Ferdinand hat nur wenige Gelegenheiten ausgelassen, gegen Jenny und Karl zu sticheln. So auch kurz nach dem Tod von Heinrich Marx im Mai 1838. Karls Vater war zwar nach schwerer Krankheit, aber dann doch überraschend und plötzlich gestorben. Der Sohn hatte noch bis drei Tage vor seinem Tod am Krankenbett gesessen. Dann fuhr er zurück nach Berlin, vermutlich auch, weil der Vater ihn dazu gedrängt hatte – immerhin war das neue Semester schon im Gange. Ferdinand, ohne Kenntnis der genauen Umstände, missbilligt dieses Verhalten des »jungen Marx«. Ebenso erregt es seinen Ärger, dass Jenny ihren gesundheitlich angeschlagenen Halbbruder Carl kurze Zeit später, im Juni 1838, zu der schon erwähnten Kur ins Elsass begleitet. »Jenny wird

33

ja nur um des *Vergnügens* willen die Reise mitmachen, verstehe das, wer mag – besonders nach dem betrübenden Tode des Vaters des C. Marx!«

Was auch immer Ferdinand seiner Schwester hier unterstellen will – sei es Taktlosigkeit, sei es Gefühlskälte –, von dem, was in Jennys Innerstem vorgeht, ahnt er nichts. Wie es wirklich um sie bestellt ist, in welche Krise sie der Tod von Heinrich Marx gestürzt hat, das gibt ein ergreifender Brief zu erkennen, den sie Karl aus dem Elsass schreibt. Es ist ein Trauerbrief. Zugleich ist es ein Brief, in dem sie ihrer Verärgerung Luft macht über die kleinkarierten Kämpfe, die sie in den Wochen und Monaten zuvor offenbar mit Teilen ihrer Familie austragen musste. Am Ende ihres Schreibens zeigen sich Anflüge tiefer Melancholie und Resignation, die sie in ihrem Leben noch öfter heimsuchen werden. Zunächst aber ist sie froh darüber, dass sie Trier fürs Erste weit hinter sich gelassen hat, den »Ort des Jammers, das alte Pfaffennest, mit seiner Miniatur-Menschheit«. Nur einmal noch wird Jenny ihre Heimatstadt derart beschimpfen, im Juni 1849, nach der gescheiterten Revolution, als ihr Trier als »das kleinste, erbärmlichste Nest, voll von Klatsch und lächerlicher Lokalvergötterung« erscheint.

Jenny fühlt sich nach dem Tod von Heinrich Marx einsamer denn je. Sie dankt Karl, der nun schon wieder seit anderthalb Monaten in Berlin lebt, für die »süßen Liebesboten«, die er ihr geschickt hat, und bittet im gleichen Atemzug, ihr doch oft und öfter zu schreiben. Seine Briefe seien das Einzige, was sie vor gänzlichem Versinken in Schmerz, vor Verzweiflung bewahre.

»Ich kann mich immer noch nicht zurecht finden, noch nicht mit Ruhe und Fassung den Gedanken eines Verlustes ertragen, der unersetzlich ist; alles erscheint mir so trübe, so unheilverkündend, die ganze Zukunft so dunkel, kein freundliches Bild lächelt mir entgegen, keine einzige frohe Aussicht; selbst aus der lichten Vergangenheit tauchen nur wehmütige Erinnerungen empor, und ach, jede Stunde der freudeleeren Gegenwart drängt mir von neuem den Vergleich zwischen unserm frühern Reichtum und unsrer jetzigen Verarmung aufs schmerzlichste auf; jeder Tag, jeder Augenblick mahnt mich daran, daß es nicht mehr ist, wie es einst war, daß es nie, nie wieder so werden kann, daß er [Heinrich Marx] nicht mehr unter uns ist, der Herrliche, der unsre Liebe gesegnet, daß er keine segnenden, belebenden Sonnenstrahlen mehr in die Dunkelheit der Gegenwart hineinwerfen kann, daß er uns für ewig entrissen, für ewig dahin ist.«

Jenny erzählt Karl Einzelheiten eines langen Gesprächs unter vier Augen mit dem Vater, das sie während eines Spaziergangs auf dem Grundbesitz der Familie Marx im Trierer Vorort Kürenz hatte. Dann resümiert sie:

»So erinnert mich jeder Tag, jeder Augenblick an ihn, den Herrlichen, stets von neuem die Gefühle heißer Sehnsucht nach dem geliebten Entschwundenen und nach den schöneren Tagen seines Weilens unter uns erweckend. Und dennoch wünsch' ich ihn nicht zurück in diese Welt des Jammers, nein, ich segne, ich beneide sein Los – ich freue mich der seligen Ruhe, die er in den Armen seines Gottes genießet, freue mich, daß er ausgerungen, ausgelitten, daß er den reichen Lohn seines schönen Lebens dort jenseits gefunden! –

Verzeihe, Karl, diese Ausbrüche des Schmerzes, verzeihe, daß ich so lange bei dem ewig unvergeßlichen, hochheiligen Gegenstande Deiner und unser aller Trauer verweilte, kaum beschwichtigte Empfindungen von neuem dadurch aufrege und den Erguß meiner Klagen nicht besser unterdrücke, verzeihe, daß ich Dir nicht heiter und freundlich mich nahe, aber ich kann noch nicht ganz Herr werden über meine Stimmung, mein Leid noch nicht ganz beherrschen. Und wie könnten wir auch besser und würdiger seine Todesfeier begehen als durch das stete Andenken an ihn, den Herrlichen, die ewig frische Erinnerung an sein reines Leben, seine erhabenen Tugenden, seine himmlische Liebe; und liegt doch auch hierin für uns alle der süßeste Trost, die erhebendste Beruhigung.

Ich sende Dir hierbei einige Haare von dem Teuren, es ist das letzte, was uns von seiner äußern Hülle übriggeblieben, Kummer und Sorge haben sie gebleicht. Ich habe sie mit meinen Küssen bedeckt, meinen Tränen benetzt.

Möchten sie Dir ein Talisman durch dieses Leben werden. ...«

Dass Jenny eine solch tiefe Zuneigung zum Vater ihres Geliebten gefasst hatte, ist kaum verwunderlich. Während Karl weit weg, im fernen Berlin studierte, entwickelte sich Heinrich Marx immer mehr zu ihrer wohl wichtigsten Bezugsperson. Er habe »das unbegrenzte Zutrauen« Jennys erworben, schreibt er Karl im März 1837. »Die Zauberin« habe auch seinen »alten Kopf etwas verrückt«, und er liebe sie wie sein »eignes Kind«.

Folgerichtig hat der Vater die Verbindung seines Sohnes mit Jenny nie zu hintertreiben versucht – im Gegenteil –, aber er hat darauf bestanden, nichts zu überstürzen, die Dinge reifen zu lassen. Das bedeutete für die Verlobten eine Art vorläufige Kontaktsperre, keine absolut rigide zwar, aber doch eine Reduktion ihrer Beziehungen auf ein Minimum. Freilich hat Heinrich Marx (wie im Übrigen auch seine Tochter Sophie) zwischen den beiden Königskindern vermittelt, als Bote fungiert, sie beraten, gestärkt, gestützt. Er beruhigte den eifersüchtigen Karl, dass er sich um Jennys Treue keine Gedanken machen müsse: »Daß sie Dich mit der aufopferndsten Liebe umfaßt, läßt sich gar nicht bezweifeln, und sie war nicht weit davon, es mit ihrem Tode zu besiegeln. … Du kannst sicher sein, und ich bin es (und Du weißt es, ich bin nicht leichtgläubig), daß ein Fürst nicht im Stande, sie Dir abwendig zu machen. Sie hängt Dir mit Leib und Seele an, und – Du darfst es nie vergessen –, in ihrem Alter bringt sie Dir ein Opfer, wie gewöhnliche Mädchen es gewiß nicht fähig wären.«

Wie Karl, so schien auch Jenny »etwas Genialisches« zu haben. Doch zugleich irritierte sie den alten Marx. Mit großer Sorge bemerkte er ihre labile seelische Verfassung. Er beobachtete, wie sehr sie unter der Trennung und Unsicherheit litt, dass sie häufig krank war oder sich verzweifelt in die Krankheit flüchtete. Dem profunden Menschenkenner war schwer etwas vorzumachen. Ein gutes Jahr vor seinem Tod schreibt er an Karl: »Ich sehe eine auffallende Erscheinung in Jenny. Sie, die sich so ganz mit ihrem kindlichen, reinen Gemüte Dir hingibt, zeigt zuweilen unwillkürlich und gegen ihren eignen Willen eine Art von Furcht, von ahnungsschwangerer Furcht, die mir nicht entgeht und die ich nicht zu erklären weiß, und wovon sie jede Spur in meinem Herzen zu vertilgen suchte, sobald ich sie darauf aufmerksam machte – was soll, was kann das sein?«

Diese von Heinrich Marx diagnostizierte Veranlagung – sie sollte sich durch die endlos lange Verlobungszeit noch verstärken. Umso entschiedener schärfte er seinem Sohn ein, welch großes Opfer Jenny und ihre Eltern ihm brächten, welch außerordentliche Verantwortung er damit auf sich lade, wie dringend es nun sei, dass er erwachsen werde und sich als Mann erweise, sich auf seine großen Aufgaben einstelle, seiner Verantwortung standhalte.

»Es gibt für den Mann keine heiligere Pflicht, als die er gegen das schwächere Weib übernimmt. ... Sie bringt Dir ein unschätzbares Opfer – sie beweist eine Selbstverleugnung, die nur von der kalten Vernunft ganz gewürdigt werden kann. Wehe Dir, wenn Du je in Deinem ganzen Leben dies vergessen könntest! ... Die Gute verdient jede Rücksicht, ... ein ganzes Leben voll zarter Liebe vermag nur sie für das, was sie schon gelitten, zu entschädigen. ... Tausende von Eltern würden ihre Einwilligung versagt haben. Und in düstern Augenblicken wünscht Dein eigener Vater beinahe, sie hätten es getan – denn zu sehr liegt mir das Wohl dieses Engelmädchens am Herzen, das ich zwar wie eine Tochter liebe, aber für deren Glück mir eben deswegen so sehr bangt.«

Heinrich Marx war ein außergewöhnlicher Vater. Manche Briefe an seinen Sohn kommen einer Gratwanderung gleich: von großer erzieherischer Strenge, zugleich voller Liebe, Güte und Vertrauen. Immer wieder zeigt er sich besorgt um Karl, ist bestrebt, ihn vor Irrtümern zu bewahren, ihn auf den richtigen Weg – oder was er dafür hält – zu leiten. Wo er ihm geboten scheint, scheut er den Konflikt mit seinem Sohn nicht. Unbarmherzig seziert er dessen Schwächen, nicht zuletzt die charakterlichen, er rügt, mahnt und korrigiert ihn. Weil beide, Vater und Sohn, keinerlei Grund hatten, an der tiefen Zuneigung und Liebe des jeweils anderen zu zweifeln, hat nie die Gefahr eines Bruchs zwischen ihnen bestanden. Karl Marx hat seinen Vater immer in Ehren gehalten; sein Leben lang trug er ein Bild von ihm bei sich, das Engels ihm nach seinem Tod in den Sarg legte.

An der Jahreswende 1837/38 kommt es zu einer Zäsur, vielleicht zu einem Wendepunkt im Leben von Karl Marx und in seiner Beziehung zu Jenny von Westphalen. Während seiner Studentenzeit hatte er seinen Vater immer wieder mit Post vernachlässigt. Jetzt traf aus Berlin jener berühmte, umfangreiche Rechenschafts- und Rechtfertigungsbrief ein, datiert auf den 10./11. November 1837. Dieser einzig erhaltene Brief von Marx aus seinen frühen Jahren ist ein Dokument, das wohl jedem, der es zum ersten Mal liest, den Atem verschlägt. Franz Mehring zufolge »zeigt [es] uns im Jüngling schon den ganzen Mann, der bis zur völligen Erschöpfung seiner geistigen und körperlichen Kräfte um die Wahrheit ringt: seinen unersättlichen Wissensdurst, seine unerschöpfliche Arbeitskraft, seine unerbittliche Selbstkritik«. Nein, dieser junge, erst neunzehnjährige Mann war weder der verbummelte Student, als den man ihn so gerne abgekanzelt hat, noch der strebsame Vorlesungsbesucher, der alles daran setzte, möglichst schnell seinen »Abschluss« zu machen und ans Geldverdienen zu kommen. Sein Brief widerspiegelt ein geistiges Ringen, eine rastlose Suche nach Wissen und Erkenntnis, das Forschen als geistiges Abenteuer, erste große Schritte auf dem langen, noch Jahre währenden Weg zur »Selbstverständigung«.

Auch der Vater dürfte gespürt haben: Dieses Schreiben markierte nicht den Endpunkt einer geistigen Entwicklung, sondern ihren fulminanten Auftakt. Zweifellos hat ihn der Brief in seiner Ahnung bestärkt, dass sein Sohn zu Großem fähig sei. Doch beruhigt hat er ihn nicht, im Gegenteil! Das richtete er Karl auch in deutlichen Worten aus. Da dieser fast zeitgleich auch einen Brief von Jenny erhielt, der in die gleiche Kerbe schlug, argwöhnte er ein Komplott der beiden und fiel in eine Art Nervenfieber.

Johann Ludwig von Westphalen hat die Strenge und Skepsis seines Freundes Heinrich Marx, von der er wusste, nicht gebilligt. Er erklärte sie damit, dass Heinrich, zu dieser Zeit selbst schon gesundheitlich angeschlagen, gerade um das Leben seines schwerkranken elfjährigen Sohnes Eduard bangte (Karls jüngerer Bruder starb am 14. Dezember 1837) und darum nervlich besonders angespannt war. Aus einem erst vor wenigen Jahren von Heinrich Gemkow aufgefundenen langen Brief Johann Ludwigs an seinen Sohn Ferdinand vom 16./17. Januar 1838 erfahren wir dann, dass Karl Marx gegen Ende 1837 nicht nur seinen berühmten Bekenntnisbrief an den Vater schickte, sondern in den Wochen danach sowohl seine eigene Familie als auch die seiner Braut mit »einem höchst interessanten, herrlichen, köstlichen Schatz, einer wahren Flut lange ersehnter Briefe« beglückte. Auch neue Gedichte für Jenny seien dabei gewesen, die diese am Weihnachtsabend in einer »himmlischen Vorlesung« zu Gehör gebracht habe. Nicht unerwähnt lässt Johann Ludwig, dass Karl seiner »gebeugten Mutter« anlässlich des Todes ihres kleinen Sohnes einen »göttlichen himmlischen Trostbrief« geschrieben habe.

Der Schwiegervater in spe ist geradezu enthusiasmiert von Karl. Und wenn Ferdinand noch gehofft haben mochte, der alte Mann würde die Verbindung zwischen ihm und Jenny zu verhindern suchen, sieht er sich getäuscht. Ludwig hat seine Entscheidung getroffen und lässt keinerlei Zweifel aufkommen, dass sie Bestand haben wird. Er schätze sich und die gesamte Familie »unaussprechlich glücklich«, dass Jenny »mir und uns allen einen so trefflichen, edelen, seltenen Sohn und Bruder als ihr Eigentum zu erwerben wußte – ein Kleinod, worauf sie stolz sein kann und was auch die edelere Welt, nur nie und nimmer die gemeine, kleinstädtische Triersche, worin wir leben, billigen und keineswegs tadeln würde. Und so habe ich für meine Person nicht den geringsten Zweifel mehr an der Güte ihrer Wahl, da ich beide für einander geschaffen erachte und daß sie ein sehr sehr glückliches Ehepaar, wenn auch vielleicht erst nach 5 ja noch mehr Jahren … werden – dem wahren Segen unsres Hauses noch die Krone aufsetzend.«

An anderer Stelle spricht er geradewegs von »unserm neuen exzellenten in 100 Beziehungen merkwürdigen, seltenen, ja … *bewunderns*werten Sohn und Bruder«.

Anfang 1838 ist somit offenkundig, dass von den beiden Elternpaaren keine Einwände mehr gegen eine Ehe von Jenny und Karl zu erwarten waren. Ernsthafte Widerstände von dieser Seite hatte es ohnehin nicht gegeben. Es mag sein, dass Jennys Eltern durch die Verbindung ihrer Tochter mit Karl Marx zunächst irritiert waren. Ein so junger Mann, eigentlich noch nicht im heiratsfähigen Alter, zudem vier Jahre jünger als Jenny, ein Student, der noch nichts ist, noch nichts hat – würde er ihrem Kind Glück bringen? Und hätte Jenny, so umworben wie sie war, nicht eine viel bessere Partie machen können? Am Ende folgte nicht nur Jenny ihrem Herzen, auch ihre Eltern taten es. Die mehrjährige Wartezeit, die ihr Vater in seinem Brief fordert, blieb davon unberührt.

Wenn Jenny in jener Zeit seelische Qualen auszuhalten hatte, dann waren daran also nicht uneinsichtige Eltern schuld, sondern eher hämische Geschwister und das weitere Umfeld der Familie. Möglicherweise war auch nicht allein Karl Marx der Stein des Anstoßes. Immerhin hatte auch schon Jennys kurze Verbindung mit dem Offizier Karl von Pannewitz Anlass für unangenehmsten innerfamiliären Zwist gegeben. Offenbar herrschten eine tiefe Missgunst gegenüber Jenny und eine Aversion gegen ihre Mutter. Sie konnten es Teilen der Familie einfach nicht recht machen. Der zweite große Belastungsfaktor für Jenny war zweifellos die lange räumliche Trennung von Karl Marx, die unmittelbar nach der Verlobung begann. Während der gesamten Berliner Studienzeit, also zwischen Oktober 1836 und April 1841, haben die beiden sich nur ein einziges Mal gesehen – zu Ostern 1838, kurz vor dem Tod von Karls Vater. Man kann sich unschwer ausmalen, welche Ungewissheit diese endlos lange Trennung für Jenny bedeutete, welche seelischen Qualen das für eine so sensible

Frau mit sich brachte. Würde am Ende der abverlangten langen Wartezeit tatsächlich die ersehnte Heirat stehen? Und die Zeit bis dahin? Würde Karl in Berlin ihr treu bleiben? Und würde er von ihrer Treue überzeugt sein? Sieben Jahre muss Jenny warten. Als die Hochzeit endlich stattfindet, ist sie schon neunundzwanzig.

Aus der Verlobungszeit ist kein Brief von Karl Marx an seine Braut erhalten geblieben. Also müssen sich Deutungen vor allem auf die wenigen überlieferten Briefe Jennys stützen. Lutz Schwerin von Krosigk will in diesen Briefen eine rückhaltlose Hingabe Jennys an ihren Auserwählten erkennen; ihre überschießenden Liebesbeteuerungen und -schwüre seien von einer Maßlosigkeit, die auf Dauer zur Gefahr habe werden müssen. »Eine Frau wie Jenny, die in allem jusqu'au bout ging, drohte in ihrer Liebe mehr als andere Frauen die eigene Persönlichkeit an den Geliebten zu verlieren, von ihm verschlungen und ausgesaugt zu werden.« Jenny als Opfer von Karl Marx – diese gängige Interpretation ihres Lebens wird hier also schon für ihre Verlobungszeit behauptet. Wer die Briefe unvoreingenommen liest, stößt allerdings auf eine komplexere Konstellation.

Sicherlich lassen sich für die behauptete Maßlosigkeit Belege finden. In einem nicht genau datierbaren Brief Jennys aus dem Jahr 1839/40 an Karl in Berlin heißt es zum Beispiel:

»Sieh, Karl ..., wenn Du mich nur ansiehst, weiß ich vor Angst kein Wort, da stockt mir das Blut in den Adern, und meine Seele bebt. Oft, wenn ich so plötzlich an Dich denke, verstumme und schaure [ich] so in mir zusammen, und dann könnt' ich nichts sagen für keine Welt, ach, ich weiß nicht, wie das ist, aber es ist mir so seltsam zumute, wenn ich an Dich denke, und ich denke nicht einzeln und besonders an Dich, nein, mein ganzes Leben und Sein ist ein Gedanke an Dich.«

Im September 1841 ist Jenny in Neuß und schreibt an Karl in Bonn. Kurz zuvor scheinen die beiden zum ersten Mal intim geworden zu sein.

»Ich fühle keine Reue, halte ich mir die Augen fest, fest zu und seh' ich dann Dein selig lächelndes Auge – sieh, Karl, dann bin ich selbst in dem Gedanken selig – Dir alles gewesen – andern nichts mehr zu sein. Ach, Karl, ich weiß sehr gut, was ich getan und wie ich vor der Welt geächtet wäre, ich weiß das alles, alles, und dennoch bin ich froh und selig und gäb' selbst die Erinnerung an jene Stunden um keinen Schatz der Welt dahin. Das ist mein Liebstes und soll es ewig bleiben. Nur wenn ich denke, noch so lange von Dir getrennt leben zu müssen, so ganz wieder umringt von Jammer und Elend, dann beb' ich zusammen.«

Im weiteren Verlauf des Briefes erzählt Jenny, dass sie in den Abendstunden eine Wanderung am Rhein unternommen habe.

»Es war ein göttlich schöner Abend. Der Himmel sternenhell, einen heitern Tag verkündend. Der Liebesstern leuchtete hell und klar am hohen Himmel, und mir war's, als wär' [er] nur meinetwillen da oben angeheftet, um mir heimzuleuchten und Lust und Frieden in mein Herz zu strahlen und meine Liebe zu feiern. Wie dacht' ich Dein und Deiner Liebe. Jede selige Stunde durchlebt' ich noch einmal, noch einmal lag ich an Deinem Herzen, liebeberauscht und selig! Und wie Du

mich anlächeltest und froh warst. Karl, Karl, wie lieb' ich
Dich! Ich bin heut unfähig und fast ohne Gabe der Mitteilung,
und alles, was ich im Herzen trage, all mein Sinnen und Denken, alles, alles, Vergangenheit, Gegenwart, Zukunft, es ist
nur ein Laut, nur ein Zeichen, nur ein Ton, und wenn er er-
klingt, so heißt er nur, ich liebe Dich unaussprechlich, gren-
zen-, zeit- und maßlos.«

Wie man sieht, Jenny selbst verwendet das Wort »maßlos«.
Doch so eindeutig, wie sie scheint, ist die Beziehungslage
nicht. Zunächst: Nicht nur Jennys Liebe war durch eine vermeintliche Maßlosigkeit gekennzeichnet, sondern auch die
ihres Partners. In der Anfangsphase seines Studiums in Berlin, als Marx noch schriftstellerische Ambitionen hatte, füllte
er drei aufwendig gebundene Alben (in den Farben Dunkel-
grün, Dunkelweinrot und Rosa-Violett) mit alter und neuer
»lyrischer Poesie« aus seiner Feder – ein Geschenk für Jenny
zum Weihnachtsfest 1836. Die Angebetete, berichtet Marx'
Schwester Sophie nach Berlin, »weinte bei Empfang Deiner
Gedichte Tränen der Wonne und des Schmerzes«. Wohl Ende
1837 trafen, wie wir bereits wissen, weitere Werke ein. Und
zum 25. Geburtstag Jennys, am 12. Februar 1839, stellte Marx
achtzig europäische Volkslieder zusammen, handgeschrieben
in einem weißen Album mit Goldschnitt. Alle in den Liedern
vorkommenden Mädchennamen hatte er durch »Jenny« er-
setzt. Kein Zweifel, auch Marx ging in seiner Liebe »jusqu'au
bout«. Das belegen indirekt auch Jennys Briefe. In ihrem
schon zitierten Schreiben von 1839/40 reagiert sie offenbar auf
eine vorangegangene briefliche Eifersuchtsszene Karls. Vermutlich hatte man ihm zugetragen, dass Jennys Exverlobter

von Pannewitz noch hin und wieder im westphalenschen Haus verkehrte. Marx hatte daraus falsche Schlüsse gezogen und Zweifel an Jennys Treue geäußert. Die wiederum, oft selbst von Eifersucht geplagt, versucht ihn zu beruhigen und entwirft ein Bild ihrer Beziehung, das nicht sie selbst, sondern eher Karl als das Opfer übersteigerter Leidenschaft erscheinen lässt.

»Ach, Karl, darin liegt eben mein Jammer, daß das, was ein jedes andre Mädchen mit namenlosem Entzücken erfüllen würde, Deine schöne, rührende, leidenschaftliche Liebe, die unbeschreiblich schönen Äußerungen darüber, die begeisternden Gebilde Deiner Phantasie, daß dieses alles mich nur [ängstigt] und oft zur Verzweiflung bringt.

… Sieh, Karl, deshalb bin ich nicht ganz so dankbar, ganz so beseligt über Deine Liebe, wie sie es wirklich verdiente, deshalb erinnre ich Dich öfter an äußere Dinge, an das Leben, an die Wirklichkeit, statt, wie Du es verstehest, mich ganz an der Welt der Liebe, an dem Aufgehen in ihr und einem höheren, teueren geistigen Einsseiens mit Dir festzuhalten und alles andre in ihr zu vergessen, Trost und Seligkeit allein in ihr zu finden. Karl, könntest Du den Jammer doch fühlen, Du würdest milder gegen mich sein und nicht überall gräßliche Prosa und Gewöhnlichkeit sehen, nicht überall Mangel an wahrer Liebe und Gefühlstiefe erblicken.«

Auch mit diesen Ausführungen Jennys ist die scheinbare Widersprüchlichkeit dessen, was sich zwischen ihr und ihrem Verlobten abspielte, noch nicht erschöpft. Denn in beiden hier betrachteten Briefen dementiert sie ihr Bemühen um Nüchternheit gleich wieder, indem sie – beinahe im gleichen

Atemzug – gesteht, dass all ihre Zurückhaltung letztlich nur Selbstschutz sei, nur der Angst geschuldet, Karls Liebe könnte irgendwann erkalten. Und als sei das bereits geschehen, als sei der Zauber tatsächlich schon dahin, nimmt sie in einem emotionalen Auf und Ab zunächst resignativ Abschied von ihm mit der Bemerkung, sie habe ja von Anfang an gewusst, dass sie seine Liebe nicht zu erhalten imstande sei, um sodann doch wieder diese ihre Liebe zu beschwören – »über alles groß und stark und ewig« – und deren mögliches Ende schließlich mit dem eigenen Ende in eins zu setzen.

»Deine Liebe, für die ich alles, alles hingäbe, kann ich nicht frisch und jung erhalten. In dem Gedanken liegt der Tod. …«

»Karl, schreib mir bald, bald wieder, sobald Du kannst. Nie waren Deine Briefe willkommner, heilsamer, notwendiger – denk Dir, Karlchen, wenn Du mich jetzt vergäßest – nein, nein, das kannst Du nicht – kannst es nie. Das Ende Deiner Liebe und das Ende meines Daseins fallen in einem Moment zusammen. Und nach diesem Tod gibt es keine Auferstehung – denn nur in der Liebe liegt der Glaube an Fortdauer. Ach, Karl, das Zimmer dröhnt und tanzt um mich herum. Ich kann nicht mehr – …«

Und dennoch: Jenny war in dieser Verbindung nicht »die Schwächere«, Marx nicht »der Stärkere« – wohl aber hatten beide ihre Stärken und Schwächen. Als sich Jenny 1844 zu Besuch bei ihrer Mutter in Trier aufhält, schreibt sie ihrem Mann in Paris von »selbstquälerischen Momenten«, von »Dämonen«, die sie nicht habe abschütteln können; erst Karls Briefe hätten sie – zumindest vorläufig – wieder vertrieben: »Du glaubst gar nicht, mein Herzensliebchen, wie hoch Du mich durch Deine

Briefe beglückst und wie Dein letzter Hirtenbrief, Du hoher Priester und Bischof des Herzens, Dein armes Schaf wieder in Ruhe und Frieden gelullt hat.« Mit ähnlichem Tenor heißt es zwei Jahre später: »Ich freue mich unendlich, daß Du, mein teurer Karl, immer den Kopf oben behältst und Herr Deiner Ungeduld und Sehnsucht bleibst. Wie lieb' ich Dich um dieser Tapferkeit willen. Du bist mein Mann!«

Auf viele seiner Zeitgenossen wirkte Marx freilich weniger ausgeglichen. Auch er selbst bezeichnete sich als »von Natur très peu endurant«; in seinen jungen Jahren sei er »ein wahrer rasender Roland gewesen«. Jenny hingegen scheint zumindest in den 1840er-Jahren einen anderen Marx gekannt zu haben; selbst noch 1850, also schon im tiefsten Londoner Elend, rühmt sie gegenüber Joseph Weydemeyer »das ... ruhige, klare, stille Selbstbewußtsein seines Wesens«. Sie schätzt seine Souveränität, seine Gelassenheit, seinen Humor, die sich auch auf sie stabilisierend auswirkten. In alltagspraktischen Dingen sah es jedoch eher umgekehrt aus: Da zeigte sich Marx oft ungeschickt und linkisch, manchmal regelrecht unsicher (bis hin zum schamhaften Erröten). Jenny hat ihn dann gerne ihr »großes Kind« genannt – und die Zügel in die Hand genommen. Sie hat Karl Marx in gewisser Weise erzogen, ihn jedenfalls korrigiert, dirigiert, ihn, wenn nötig, auf den Boden der Tatsachen zurückgeholt, ihm ebenso charmant wie bestimmt gesagt, wo's langgeht.

Nachdem im März 1842 ihr Mann und im Juni ihre Schwester verstorben waren, zog Caroline von Westphalen zusammen mit Jenny, Edgar und ihrer Hausgehilfin Lenchen Demuth von

Trier nach Kreuznach. Dort blieb sie etwa ein Jahr, kehrte dann an die Mosel zurück. In Kreuznach kam es wohl – wahrscheinlich im Oktober 1842 – zu einer Begegnung zwischen Karl Marx und der berühmten Bettina von Arnim; angeblich hat sie Karl damals derart in Beschlag genommen, dass Jenny die Sache nicht mehr einerlei war. Anderthalb Jahre zuvor, im April 1841, hatte Marx seine Dissertation an der Universität Jena eingereicht und war zum Doktor der Philosophie promoviert worden. Politisch und philosophisch hatte er sich in diesen Jahren so eindeutig positioniert und profiliert, dass an eine Universitätslaufbahn, auf die er zunächst gehofft hatte, nicht mehr zu denken war. Er verlegte sich auf den Journalismus und erwarb sich seit April 1842 erste Meriten als Mitarbeiter der bürgerlich-demokratischen *Rheinischen Zeitung* in Köln; schon nach einem halben Jahr avancierte er zum Chefredakteur. Doch die Tage des politisch unbequemen Blattes waren gezählt. Anfang 1843 erfährt Marx, dass die Zeitung verboten werden soll, Mitte März verlässt er die Redaktion. Er ist die zermürbenden Kämpfe mit der preußischen Zensur leid. »Es ist schlimm, Knechtsdienste selbst für die Freiheit zu verrichten und mit Nadeln, statt mit Kolben zu fechten«, schreibt er am 25. Januar 1843 an Arnold Ruge. »Ich bin der Heuchelei, der Dummheit, der rohen Autorität und unseres Schmiegens, Biegens, Rückendrehens und [der] Wortklauberei müde. …

In Deutschland kann ich nichts mehr beginnen. Man verfälscht sich hier selbst.« Jetzt zieht es ihn dorthin, wo man noch frei atmen kann, nach Paris, wo er zusammen mit Ruge ein neues Publikationsprojekt, die *Deutsch-Französischen Jahrbücher,* realisieren will.

Bevor es so weit ist, findet endlich – im kleinsten Kreis – die Trauung statt, standesamtlich und kirchlich in Kreuznach. Eine kleine Hochzeitsreise führt das Paar über die Ebernburg nach der Rheinpfalz, dann kehrt man über Baden-Baden nach Kreuznach zurück.

Trotz nunmehr vollendeter Tatsachen scheinen sich in der Familie einige immer noch nicht arrangieren zu wollen. Wenige Tage vor der Kreuznacher Hochzeit macht Jennys Halbschwester Franziska in einem Brief an Ferdinand ihrem Unmut Luft: »Sie erscheinen mir unendlich beklagenswert; die Mutter in ihrer gänzlichen Verlassenheit …, – der Dr. Marx und Jenny in ihrer Verblendung und Abhängigkeit von Grundsätzen und einer Verstandesrichtung, die sie im Stich lassen werden, wohin sie sich auch wenden mögen, und in Folge davon sie, fürchte ich, heimatlos wie Flüchtlinge von Ort zu Ort, von Land zu Land zu ziehen genötigt sein werden.«

Eine düstere Prophezeiung, mit der die boshafte Schwester leider recht behalten wird. Wobei man der Vollständigkeit halber hinzufügen muss: Der Adressat des Briefes wird als späterer preußischer Innenminister sein Möglichstes dazu tun, dass Menschen wie Karl und Jenny Marx im Deutschland der Restaurationsperiode nichts mehr zu bestellen haben. Auch noch mit einer anderen Vermutung liegt die Halbschwester richtig. Nachdem sie von ihrer Mutter erfahren hat, dass Karl und Jenny nach Paris abgereist seien, wo ein großes Unternehmen auf sie warte, giftet sie: »Wenn nur nicht wieder das Unternehmen einen abenteuerlichen Grund hat, und wie es dem pp. Marx bisher immer gegangen zu sein scheint, in Wohlgefallen sich auflöst.« Das besagte Unternehmen, die

Deutsch-Französischen Jahrbücher, scheitert schon nach der ersten (Doppel-)Nummer, die im Februar 1844 erschien. Es ist fraglich, ob Karl und Jenny von den Gehässigkeiten Franziskas erfahren haben – und wenn, werden ihnen ihre Einlassungen herzlich gleichgültig gewesen sein.

Etwa fünf Monate hat das jungvermählte Paar in Kreuznach verbracht. Marx nutzt die Zeit auf seine Weise. Er schreibt an seiner *Kritik der Hegelschen Rechtsphilosophie* und studiert eine Vielzahl historischer und philosophischer Werke, meist in der Originalsprache, bringt Auszüge und kommentierende Notizen zu Papier. Auch wenn in der Forschung die Vermutung geäußert wurde, dass nicht alle »Kreuznacher Exzerpte« tatsächlich in Kreuznach entstanden seien, kann doch an Marx' immensem Arbeitspensum in jenen Monaten kein Zweifel bestehen. So wird er es auch in Zukunft halten, und Jenny wird sich daran gewöhnen müssen. Marx' Leben ist vor allem eines: Arbeit. Pausen legt er nur ein, wenn die oft bedrückenden Lebensumstände ihn dazu zwingen oder die Ärzte und seine vielen Krankheiten ihm keine Wahl lassen.

Den Flitterwochen haben Karl und Jenny also nur den kleineren Teil ihrer in Kreuznach verbrachten Zeit gewidmet. Fruchtbar war sie dennoch. Als die beiden im Frühherbst 1843 nach Frankreich aufbrechen, ist Jenny schwanger. Am 1. Mai 1844 bringt sie in Paris ihr erstes Kind zur Welt, ein Mädchen, das den Namen seiner Mutter trägt.

Die Aussteigerin

Im Oktober 1843, vermutlich am 11. oder 12., trifft das Paar in Paris ein. Das Leben nimmt Fahrt auf. Karl und Jenny bewegen sich in illustren Emigrantenzirkeln, verkehren unter Intellektuellen und Künstlern. Heinrich Heine (mit Karl Marx entfernt verwandt) ist von seinen jungen Landsleuten fasziniert und häufig Gast in ihrer Wohnung. Er bewundert Jenny, legt Wert auf ihr literarisches Urteil. An so manchem Vers des *Wintermärchens* hat sie mitgefeilt.

In Paris bringt Marx eine seiner berühmtesten Frühschriften zu Papier: *Die ökonomisch-philosophischen Manuskripte von 1844* (auch bekannt unter dem Titel *Pariser Manuskripte*, erstmals publiziert 1932). Nachdem die *Deutsch-Französischen Jahrbücher* gescheitert sind, arbeitet Marx an der Emigrantenzeitung *Vorwärts!* mit. Er muss erfahren, dass der Arm der preußischen Regierung bis nach Paris reicht. Der preußische Gesandte wird beim französischen Außen- und Premierminister François Guizot wegen der *Jahrbücher* vorstellig und interveniert zwischen Juli 1844 und Mitte Januar 1845 dreizehnmal gegen den *Vorwärts!*. In dieser Zeit wird Marx' Einfluss auf das Blatt immer spürbarer. Ein thematischer Schwerpunkt der Berichterstattung ist der Aufstand der schlesischen Weber, der aus sozialistischer Perspektive analysiert wird. Marx veröffentlicht im *Vorwärts!* seine umfangreichen »Kritischen Randglossen« zu Arnold Ruges Beitrag »Der König von

Preußen und die Sozialreform«, ein Text, mit dem er den Gegensatz zwischen revolutionären und kleinbürgerlichen Demokraten scharf akzentuiert. Auch den preußischen König Friedrich Wilhelm IV. attackiert er im *Vorwärts!*. Ab 1845 muss die Zeitung ihr Erscheinen einstellen. Fünf Deutsche unterschiedlicher politischer Gesinnung erhalten Ausweisungsbefehle. Unter den Betroffenen ist auch Marx; er hat bis zum 1. Februar Zeit, das Land zu verlassen.

Aus dem anfänglich freiwilligen Exil wird ein erzwungenes. Es folgen drei Jahre in Brüssel. Die belgische Hauptstadt ist neben Paris eines der wichtigsten Zentren der demokratischen Opposition in Europa. Doch auch hier findet Marx keinen Frieden vor preußischen Nachstellungen. Er hatte in Belgien zwar eine Niederlassungsgenehmigung erwirkt, aber in Preußen war er steckbrieflich zur Verhaftung ausgeschrieben; er durfte also keinesfalls den preußischen Grenzbehörden in die Fänge gehen. Abermals wurden gegen ihn Ausweisungsanträge gestellt, zumal man in Berlin schnell erkannte, dass er in Brüssel – aufgrund der Nähe zu der im politischen Aufbruch befindlichen Rheinprovinz – noch gefährlicher war als in Paris. Jetzt griff Marx zu einer Finte. Er stellte bei der Trierer Stadtverwaltung ein Gesuch zur Auswanderung aus Preußen; er wolle nach Nordamerika, behauptete er. Mit einem Auswanderungsschein in Händen, so sein Kalkül, wäre auch seiner Verfolgbarkeit durch preußische Behörden ein Ende gesetzt. Doch zu seiner Überraschung erhielt er nicht nur den gewünschten Auswanderungsschein, sondern obendrein auch noch seine Entlassung aus dem preußischen Untertanenverband. Jetzt war Marx staatenlos – und sollte es für den

Rest seines Lebens bleiben, obwohl er noch mehrere Versuche unternahm, diesen Zustand zu ändern.

In seinem neuen Domizil ist Marx fieberhaft aktiv. Wie andere politische Freunde – unter ihnen Moses Heß, Georg Weerth, Ferdinand Freiligrath – kommt auch Friedrich Engels nach Brüssel und lässt sich in der unmittelbaren Nachbarschaft nieder. Näher kennengelernt hatten sich Marx und Engels schon in Paris, doch ihre eigentliche Lebensfreundschaft beginnt in Brüssel. Teils im Alleingang, teils gemeinsam mit Engels, verfasst Marx weitere Schriften: *Die heilige Familie, Die deutsche Ideologie* (die, wie die *Pariser Manuskripte,* erst im Laufe des 20. Jahrhunderts veröffentlicht werden kann), schließlich *Misère de la philosophie,* seine Antwort auf die *Philosophie de la misère* seines Kontrahenten Pierre-Joseph Proudhon. In Brüssel notiert Marx auch seine elf »Thesen über Feuerbach«, deren letzte wohl eine der meistzitierten marxschen Sentenzen überhaupt ist: »Die Philosophen haben die Welt nur verschieden *interpretiert;* es kömmt drauf an, sie zu *verändern.*«

Um eine Aufenthaltsgenehmigung in Belgien zu erlangen, musste Marx sich verpflichten, auf tagesaktuelle politische Publizistik zu verzichten. Das schloss allerdings für ihn nicht aus, sich auf andere Weise der »Veränderung der Welt« zu widmen. So werden unter seiner Beteiligung in Brüssel proletarische Organisationen aus der Taufe gehoben. Seit Anfang 1846 beteiligt er sich maßgeblich am Aufbau eines internationalen Netzes von Kommunistischen Korrespondenz-Komitees. Es entstehen Verbindungen zum Bund der Gerechten, einer Organisation, der vornehmlich emigrierte deutsche

Handwerker angehören und die in London ihre Zentrale hat. Aus der Verständigung zwischen dem Bund der Gerechten und der eher informellen Brüsseler Gruppe um Marx geht im Juni 1847 der Bund der Kommunisten hervor. In Brüssel werden zwei Bundesgemeinden organisiert, dazu als Hilfsorganisation ein Deutscher Arbeiter-Verein. Zudem wird hier Anfang November 1847 die Association Démocratique gegründet. Sie ist ursprünglich als Konkurrenz zum kommunistischen Arbeiter-Verein gedacht, doch durch geschickte Infiltration mit eigenen Leuten weiß Engels das zu verhindern. Marx wird Vizepräsident der Vereinigung. In jener Zeit schreibt er vermehrt für die *Deutsche-Brüsseler Zeitung,* die als Organ der Association und später auch des Bundes der Kommunisten fungiert.

Vom Bund der Kommunisten werden Marx und Engels 1847 mit der Ausarbeitung einer Programmschrift beauftragt. Sie erscheint unter dem Titel *Manifest der Kommunistischen Partei* im Februar 1848. Ein denkbar günstiger Zeitpunkt – und doch ein Zufall: Denn dass just zu diesem Zeitpunkt in Paris die Revolution losbrechen würde, hatten auch Marx und Engels nicht geahnt.

Bis heute hält sich in der Literatur die Legende, Marx habe einen Vorschuss auf seine Erbschaft, der ihm Anfang Februar 1848 aus Trier zufloss – es handelte sich um 2000 Taler –, in den Kauf von Waffen für den revolutionären Kampf investiert. Eine der Quellen für diese Behauptung ist Jennys schon erwähnte autobiografische Skizze. Warum sie in ihrem knapp zwanzig Jahre nach den Ereignissen entstandenen Text diese Behauptung kolportiert und damit eine der wichtigsten Verdächtigungen der damaligen, von Revolutionsangst geplagten belgischen Regierung bestätigt, ist nicht recht einsichtig – zumal ihre Darstellung offenkundig nicht den historischen Tatsachen entspricht. Marx hat keine Waffen beschafft, er hätte dazu auch keine Möglichkeit gehabt; auch hätte ein bewaffneter Aufstand nicht seiner politischen Konzeption entsprochen, wie sich kurze Zeit später in Paris zeigte, als er sich entsprechenden Bestrebungen entschieden widersetzte. Die belgischen Behörden taten zwar ihr Möglichstes, der Opposition militante Bestrebungen nachzuweisen, dies jedoch ohne jeden Erfolg. Gleichwohl betrieben sie die Ausweisung ausländischer Mitglieder der Association démocratique. Ihr Ziel war es, diese Organisation zu diskreditieren. Marx war da nur einer von mehreren Betroffenen. Er wurde des Landes verwiesen, obwohl er – nach dem revolutionären Aufbruch in Frankreich – ohnedies vorhatte, nach Paris zurückzukehren. Unmittelbar vor der Abreise, am 4. März 1848, wurden er und kurz danach auch seine Frau illegal verhaftet und eine Nacht lang ins Gefängnis geworfen.

In Paris bleiben Marx und seine Familie nur kurz. Denn inzwischen ist – mit einmonatigem Rückstand – auch in Deutschland die bürgerlich-demokratische Revolution in Gang gekommen. Marx entscheidet sich für Köln als Stützpunkt und wird dort Chef der legendären *Neuen Rheinischen Zeitung* – legendär, weil sie mit ihm, Friedrich Engels, Georg Weerth, Ferdinand Freiligrath, Wilhelm Wolff und anderen über ein Redaktionskollegium und einen Mitarbeiterstab verfügt, die in der deutschen Pressegeschichte ihresgleichen suchen.

Als ein gutes Jahr später die Reaktion die Oberhand gewinnt, muss Marx Köln Hals über Kopf verlassen, orientiert sich zunächst nach Süddeutschland, um dann wieder nach Frankreich überzuwechseln. Dort hätte er zwar bleiben können, doch nur, wenn er bereit gewesen wäre, nicht etwa in Paris, sondern im Département Morbihan zu leben – was er, ein wenig übertreibend, als »verkleideten Mordversuch« bezeichnete. So ging er schließlich an den einzigen Ort Europas, wo er, der Staatenlose, noch Asyl finden konnte: England, London. Engels hatte ihm schon Anfang 1845 prophezeit, dass er auf dem Kontinent keine Ruhe finden und ihm am Ende nur noch die Insel übrig bleiben werde.

Und Jenny? Für sie begann die Exilzeit mit großen Sorgen. Ihr Töchterchen gleichen Namens, das sie am 1. Mai 1844 in Paris zur Welt gebracht hatte, wurde schon wenige Wochen nach seiner Geburt so krank, dass die Mutter sich entschloss, mit der Kleinen nach Trier zu fahren. Am 21. Juni berichtet sie Karl, der Arzt habe verlangt, eine Amme zu nehmen.

»Du kannst Dir meine Angst denken. Doch nun ist alles überstanden. … Es war schwer zu retten und ist jetzt fast aller Gefahr enthoben. Trotz seinem Leiden sieht es wunderniedlich aus und ist so blütenweiß und fein und durchsichtig wie ein Prinzeßchen. In Paris hätten wir es gewiß nicht durchgebracht, und so trägt diese Reise schon goldne Zinsen.«

»Unser Kleinchen«, wie Jenny ihren Säugling nennt, verleiht ihrer Beziehung mit Karl eine neue Dimension, »denn dies dritte ist doch jetzt die Hauptperson im Bunde, und das, was mein und Dein zugleich ist, ist doch das innigste Band der Liebe.«

Drei Monate bleiben die beiden Jennys in Trier, bevor sie in Begleitung der Amme nach Paris aufbrechen.

»Mein teurer, einziger Karl!

... Wie wirst Du Dich über das Mämerchen freuen. Ich bin überzeugt, daß Du das Kind nicht wiedererkennst, seine Kuckäugelchen und sein schwarz Naturhäubchen müßten es denn verraten. Alles übrige ist wirklich total verändert, nur tritt die Ähnlichkeit mit Dir immer sichtbarer hervor. ... Karlchen, wie lang wird das Püppchen eine Solopartie spielen? Ich fürchte, ich fürchte, wenn Papa und Mama einmal wieder beieinander sind, in Gütergemeinschaft leben, dann wird bald ein Duo aufgeführt. Oder sollen wir es gut pariserisch anfangen?«

Eine eher rhetorische Frage. 1845 wird Tochter Laura geboren, 1847 folgt Sohn Edgar, und als sie 1849 in die nächste und diesmal endgültige Exilstation aufbricht, nach London, ist Jenny abermals schwanger.

Die Brüsseler Zeit war für Jenny Marx gewiss nicht sorgenfrei, zumal in finanzieller Hinsicht. Dennoch gehören die drei Jahre in Belgien sicherlich zu den glücklicheren ihres Lebens. Die Kinder sind gesund, die Mutter lebt in gut erreichbarer Entfernung und schickt ihr 1845 ihre Hausgehilfin Lenchen Demuth als Unterstützung. Jenny kennt das aus dem saarländischen St. Wendel stammende, sechs Jahre jüngere Arbeiterkind gut aus ihrer Trierer Zeit. Lenchen wird die Familie fortan durch alle Höhen und Tiefen begleiten.

Im Unterschied zu einigen anderen Brüsseler Genossen, die in sexueller Hinsicht eine gewisse Libertinage praktizierten, haben sich Karl und Jenny Marx für die Ehe und für Kinder entschieden. »Ich habe selten eine so glückliche Ehe gekannt«, erinnert sich der Schriftsetzer Stephan Born, einer ihrer Freunde in der Brüsseler Zeit. »Ich habe auch selten eine in ihrer äußeren Erscheinung wie in ihrem Herzen und Geiste so harmonisch gestaltete Frau gekannt, die bei der ersten Begegnung so sehr für sich eingenommen hätte, wie Frau Marx.«

Borns Bild einer glücklichen Ehe wird von anderer Seite bestätigt, indirekt auch von Jenny selbst. Im Sommer 1845 besucht sie ihre Mutter in Trier; kurze Zeit später gibt diese in einem Brief an ihren Verwandten Werner von Veltheim einen Eindruck wieder, den sie nur aus Erzählungen ihrer Tochter gewonnen haben kann: »Marx verdient so viel, daß er sich, bei Einschränkung, mit seiner Familie durchhilft, und macht Jenny sehr sehr glücklich, weil er einen vortrefflichen Charakter hat, und Jennys hohen Wert zu schätzen versteht.« Auch drei Jahre später, im August 1848, hat sich an Carolines positivem Eindruck nichts geändert: »Es geht ihr [Jenny] mit ihrem Mann, zu meiner höchsten Freude, recht wohl. ...«

»Ach, lieb, lieb Liebchen, nun mengelierst Du Dich noch gar in die Politik. Das ist ja das Halsbrechendste. Karlchen, bedenk nur immer, daß Du daheim ein Liebchen hast, das da hofft und jammert und ganz abhängig von Deinem Schicksal ist.« Diese mit leichter Ironie versetzte Mahnung Jennys vom August 1841 – kurz vor der Gründung der *Rheinischen Zeitung* – muss gelegentlich als Beleg für die Behauptung herhalten, Marx hätte sich gegen Jennys erklärten Willen dem politischen Kampf verschrieben, mehr noch und schlimmer: Er hätte seine Frau genötigt, ihm auf diesem Weg zu folgen.

Zweifellos und natürlicherweise hat Marx seine Frau intellektuell stark beeinflusst, zumal nach der Hochzeit, als sie endlich zusammenleben konnten. Anfänglich vielleicht nur, weil sie ihren Mann besser verstehen wollte, hat sich Jenny von ihm Bücher empfehlen lassen, hat sich mit Hegel und den Junghegelianern befasst, hat versucht, ihm auf seinen geistigen Wegen zu folgen. Aus ihren Briefen kann man entnehmen, dass sie mit vielen seinerzeit diskutierten theoretischen Schriften vertraut war – etwa Max Stirners *Der Einzige und sein Eigentum* oder Ludwig Feuerbachs Religionskritik. Einem Brief an Feuerbach vom Oktober 1843 fügt Marx hinzu: »Meine Frau läßt Sie unbekannterweise grüßen. Sie glauben nicht, wie viel Anhänger Sie unter dem schönen Geschlecht haben.«

Mitte der 1840er-Jahre beginnt Jenny sich unter dem Einfluss des Pariser Emigrantenmilieus von der Religion loszulösen. Ihre Politisierung und Radikalisierung beginnt. Sie entwickelt ein souveränes, eigenständiges politisches Urteilsvermögen, das sie zum Beispiel in ihren Briefen aus Trier demonstriert, wo sie seit ihrer Hochzeit fast jedes Jahr (ohne ihren Mann) einige Wochen oder Monate bei ihrer Mutter verbringt.

»Die Menschen sind alle wie wahnsinnig. Was soll man nun davon denken?« Dieser Stoßseufzer entfährt Jenny, als 1844 Hunderttausende Menschen im Rahmen der Heilig-Rock-Wallfahrt nach Trier pilgern. Sie liefert eine spöttisch-sarkastische Beschreibung des religiösen Eifers, auch der mit dem Großereignis einhergehenden bigotten Geschäftemacherei. Und als wenig später nach einem missglückten Attentat auf den preußischen König, der unverletzt bleibt, die gläubigen

Untertanen in die offiziellen Dankgottesdienste strömen, schildert sie Karl ebenfalls brieflich ihre Beobachtungen. Die bissige Analyse erscheint auszugsweise unter dem Titel »Aus dem Briefe einer deutschen Dame« im *Vorwärts!*.

»Ich erhielt Deinen Brief gerade in dem Moment, als alle Glocken läuteten, Geschütze feuerten und die fromme Schar in die Tempel wallte, dem himmlischen Herrn ein Halleluja zu bringen, daß er den irdischen Herrn so wunderbar gerettet. Du kannst Dir denken, mit welch' eigner Empfindung ich während der Feier die Heine'schen Lieder las und auch mein Hosianna mit anstimmte. Hat denn auch Dein Preußenherz vor Entsetzen gebebt bei der Kunde jenes Frevels, jenes unerhörten, undenkbaren Frevels? ... Ein Trost bleibt noch beim Entsetzlichen dem Preußenvolke, nämlich: daß kein politischer Fanatismus der Beweggrund der Tat war, sondern rein persönliche Rachsucht. ... grade hierin liegt von neuem der Beweis, daß in Deutschland eine politische Revolution unmöglich ist, zu einer sozialen aber alle Keime vorhanden sind.«

Nicht nur Karl, auch Jenny beginnt in den 1840er-Jahren, sich in die Politik zu »mengelieren«. Das war seinerzeit nichts Ungewöhnliches. In den acht Jahren, die zwischen dem Regierungsantritt Friedrich Wilhelms IV. und dem Ausbruch der Märzrevolution lagen, im eigentlichen »Vormärz« also, wurden viele Menschen, nicht zuletzt die jungen, vom politischen Aufbruch mitgerissen. So auch Jennys Lieblingsbruder Edgar. Einige Jahre wird er sogar zu den Parteigängern von Marx und Engels zählen. Während der Brüsseler Zeit lebt er im marxschen Haus, in Köln bezieht er eine Wohnung in unmittelbarer Nachbarschaft. Bleiben wir für einen Augenblick bei ihm, denn sein Schicksal wirft auch ein interessantes Licht auf Jennys Wahrnehmung der damaligen politischen Verhältnisse.

Edgar war ein eher unsteter und schwankender Charakter, der sich gern auf andere verließ. Dennoch fand er – gewiss zur gelinden Überraschung mancher seiner Freunde – den Mut und die Kraft, Deutschland den Rücken zu kehren und sein Glück jenseits des Atlantiks zu suchen. 1847 geht er für zwei Jahre nach Texas, kehrt im Laufe der Revolution zurück – vom Jahreswechsel 1848/49 bis April 1851 hält er sich in Deutschland auf –, um es schließlich ein zweites Mal in Texas zu versuchen. Nicht als gemachter Mann, sondern gescheitert und krank findet er 1865 wieder den Weg nach Europa. Zuletzt hat man ihn gegen seine innere Überzeugung in die Bürgerkriegsarmee der Südstaaten genötigt. Edgar strandet in London, wo er bei Jenny und Karl für ein halbes Jahr Aufnahme findet. Als es ihm wieder besser geht, zieht er weiter nach Berlin. Dort nimmt sich vor allem Ferdinand seiner an – zunächst zwar etwas zögerlich, sodass Jenny ihn teils sanft, teils bestimmt an seine Bruderpflichten erinnern muss; doch dann verschafft er Edgar eine bescheidene Stelle, unterstützt ihn finanziell, hält guten Kontakt zu ihm. Selbst Schwester Franziska beteiligt sich mit fünfzig Talern pro Jahr an der Unterstützung ihres Halbbruders, nicht zuletzt von der Überzeugung getragen, dass man Edgar dem unheilvollen Einfluss Jennys entziehen müsse.

Wie die allgemeine Politisierung, so war auch die Auswanderung nach Amerika zu Beginn und in der Mitte des 19. Jahrhunderts ein Zug der Zeit. Viele Bauern und Handwerker wagten den Schritt aus wirtschaftlicher und sozialer Not, Intellektuelle reizte die Aussicht auf politische Freiheit. Im Dezember 1847 liefert Jenny in einem Brief an Lina Schoeler, die zeitweilige Verlobte Edgars, eine hellsichtige Analyse der Beweggründe ihres Bruders und anderer Auswanderer. Vor allem junge Menschen hätten das sichere Gefühl, in Deutschland nicht gebraucht zu werden, nicht erwünscht zu sein.

»Täglich und stündlich überzeugen wir uns hier immer mehr und mehr von den Vorteilen und guten Seiten des großen Entschlusses unsres lieben Edgars. Die gesellschaftlichen Zustände [werden] mit jedem Tage schrecklicher, und es ist nicht bloß eine Schwierigkeit, ja, es ist fast eine Unmöglichkeit geworden, daß sich junge Leute eine sorglose, selbständige Existenz verschaffen können. Tausende haben vor Edgar ihr Glück in der Ferne gefunden, Hunderttausende strömen täglich ihm nach, und diejenigen, die zurückbleiben, müssen in den meisten Fällen zu untergeordneten, ihnen widerstrebenden Beschäftigungen ihre Zuflucht nehmen. Wir gehen alle sichern Schritts den Zeiten der Auflösung, sozialer Umgestaltung entgegen, und vielleicht ist die Zeit nicht mehr so fern, wo Leute von Edgars Talenten, seiner persönlichen Tapferkeit, seinem ritterlichen Wesen, eine Notwendigkeit werden. Dann eilt er sicher wieder heim und steht Dir und meinem Mütterchen als Schutz und Rat und Stütze zur Seite.«

Das waren natürlich Trostworte für Lina, die sich von Edgar verlassen fühlte. Zugleich machte Jenny sich selbst Mut. Sie hoffte auf eine unmittelbar bevorstehende soziale und politische Umwälzung in Deutschland und darauf, dass im Zeichen der Revolution dann auch Karl und sie selbst die Früchte ihres Kampfes ernten würden.

Es ist schon eine merkwürdige Konstellation, die sich da unter den Nachfahren des Johann Ludwig von Westphalen herausgebildet hat: Während die Kinder aus erster Ehe ein angepasstes, erfolgsorientiertes Leben als Stützen der alten Gesellschaft führen, tun die Kinder aus zweiter Ehe das genaue Gegenteil. Jenny und Edgar steigen, wenn auch auf unterschiedliche Weise, aus ebendieser Gesellschaft aus. Bei beiden ist das eine bewusste Entscheidung. Was freilich nicht heißt, dass sie die Konsequenzen, die sich daraus im Laufe der Jahre noch ergeben sollten, zum damaligen Zeitpunkt auch nur ansatzweise hätten überblicken können.

Als Jenny 1844 zum ersten Mal seit ihrer Hochzeit Trier besucht, hat sich selbstverständlich herumgesprochen, dass die einstige Ballkönigin in Pariser Revoluzzerkreisen verkehrt. Jetzt sind die obenauf, die angeblich immer schon gewusst haben, dass aus der Verbindung mit diesem Marx nichts Rechtes werden könne. Für Jenny eine unkomfortable Situation – denn es ist ja wahr: Nach bürgerlichen Kriterien ist Karl Marx alles andere als ein gemachter Mann. Er lebt als freier Journalist, kann seiner kleinen Familie allenfalls eine unsichere Existenz bieten. Im Allgemeinen dominiert zwar Jennys Zuversicht, dass im Zuge einer nicht mehr allzu fernen politischen Umwälzung die Karten neu gemischt werden. Doch wie schon in ihrer Brautzeit ist sie auch jetzt gelegentlich von Zukunftsängsten geplagt. Dass die Sorgen diesmal mehr ökonomischer Natur sind, macht die Sache nicht besser, denn von solch profanen Zwängen will sie ihr Dasein keinesfalls bestimmt sehen.

Nach ihrer Hochzeit hat sich für Jenny eine andere, ihr bislang unbekannte Welt geöffnet. In Paris, im Umgang mit ihren neuen Freunden, hat sie auch neue Maßstäbe gewonnen, oder besser: Sie hat in Ansätzen bereits vorhandene Maßstäbe fortentwickelt. Der äußere, materielle Erfolg, Geld und Sicherheit, sind ihr nicht allein entscheidend. Im Leben, in *ihrem* Leben, soll es letztlich auf andere Dinge ankommen. Ihrer Mutter kann sie das verständlich machen – aber wie soll sie es den anderen Trierern erklären? Sie versucht es erst gar nicht, sondern behilft sich, indem sie – vielleicht zum ersten Mal in ihrem Leben – eine Fassade aufbaut, die etwas vortäuscht, was real nicht existiert. Zu diesem Mittel wird sie in den kommenden Jahren noch öfter greifen, manchmal in echten Notlagen oder aus purer Verzweiflung. In Trier steht freilich noch der spielerische Aspekt dieser Verstellung im Vordergrund.

»Ich trete ... gegen jeden üppig auf«, schreibt sie Karl, »und mein äußeres Auftreten rechtfertigt denn auch vollkommen diese Üppigkeit. Einmal bin ich eleganter als alle, und dann hab' ich nie in meinem Leben besser und blühender ausgesehn als jetzt. ... Ich denke auch in meinem Sinn, was hätte man davon, wenn man klein täte; es hülfe doch niemand aus der Not, und der Mensch ist so glücklich, wenn er bedauern kann.«

Sie wisse den »*Schein* des Erfolgs« mit der feinsten Taktik zu behaupten, versichert sie ihrem Mann. Dennoch geht die von vielen Trierern in vermeintlicher Anteilnahme an ihrem Wohlergehen geäußerte Hoffnung, Karl möge sich »doch noch zu einem ständigen Posten entschließen«, nicht spurlos an ihr vorüber. Denn genau da liegt ihr wunder Punkt. Und das Gerede der Leute schmerzt sie umso mehr, als sie nicht offen zu antworten wagt, sondern sich ihr Teil denkt. Nur Karl gegenüber nimmt sie kein Blatt vor den Mund.

»Oh, ihr Esel, stündet ihr doch auch nur alle fest. Ich weiß, daß wir nicht grade auf Felsen stehn, aber wo ist jetzt fester Grund und Boden. Zeigen sich nicht überall die Spuren des Erdbebens und des unterminierten Grundes, auf dem die Gesellschaft ihre Tempel und Kaufbuden aufgeschlagen hat. Der Maulwurf Zeit, glaub' ich, hört bald auf, unterirdisch zu wühlen – in Breslau hat es ja auch wieder gewetterleuchtet. Wenn wir uns nur noch eine Zeitlang halten, bis unser Kleinchen ein Großchen ist.«

Jennys Überlegenheitsgefühl ist teils real, teils vorgespiegelt, immer wieder mit Anflügen von Selbstzweifel belastet.

»Lieb Herzchen, ich hab' oft gar zu große Sorgen wegen unserer Zukunft, in der Nähe wie in der Ferne, und ich meine, ich bekomme die Strafe für meinen hiesigen Übermut und meine Üppigkeit. Wenn Du es kannst, so beruhige mich darüber. Es spricht alles zuviel vom *ständigen* Einkommen. Ich antworte dann bloß mit meinen roten Backen, meinem weißen Fleisch, meiner Samtmantille, Federhut und Grisikopfputz. Das schlägt am besten und tiefsten, und wenn ich dafür niedergeschlagen werde, sieht es doch keiner.«

Die beruflichen und ökonomischen Unsicherheiten sind es nicht allein. In späteren Jahren wird Jenny häufiger vom »Los einer politischen Frau« sprechen. In den 1840er-Jahren gewinnt sie eine erste Ahnung davon, was es bedeutet, dieses Los zu tragen – zumindest wenn man die Frau eines Oppositionellen, eines Radikalen, eines Revolutionärs ist.

Das Los der (politischen) Frau

Die leidigen Kämpfe mit der Zensur, die Marx als Redakteur der ersten *Rheinischen Zeitung* 1842/43 ausfechten musste und die schließlich im Verbot des Blattes gipfelten, waren beinahe harmlos im Vergleich zu dem, was in der Zeit zwischen der Hochzeit und dem Schritt ins Londoner Exil, also von 1843 bis 1849, folgen sollte. In diesen unsteten, ereignisreichen sechs Jahren wird Jenny mit Vorgängen und Auseinandersetzungen konfrontiert, auf die sie in keiner Weise vorbereitet ist.

Es wurde schon erwähnt: Mehrfach wechselt die Familie Marx in jenen Jahren das Land und den Aufenthaltsort. Kann man den Weggang aus Deutschland 1843 und die zeitweilige Rückkehr 1848 noch als freiwillig bezeichnen, so erfolgten alle anderen Ortswechsel – insgesamt vier – unter Zwang. Stets folgte Jenny ihrem Mann, meist mit gewissem zeitlichem Abstand, weil die Behörden ihr eine etwas längere Frist ließen und weil es ihr oblag, den Haushalt aufzulösen und allerlei Organisatorisches zu erledigen. Oft unter schwierigsten äußeren Bedingungen, in bitterer Kälte, mit einem oder mehreren kleinen Kindern, die kaum gewärmt werden konnten, dazu ihren wenigen Habseligkeiten, war sie dann in der Postkutsche unterwegs zu ihrem Mann. Fast immer befand sie sich an solchen Wendemarken in finanzieller Not, war auf die Hilfe von Freunden angewiesen. Nicht erst in London, auch schon in den Jahren davor musste sie mehrfach Silber und Wäsche versetzen, wieder auslösen und abermals in Zahlung bringen. Die überstürzte Abreise aus Köln ließ es nicht zu, auch noch Karls Bibliothek mitzunehmen; die blieb fürs Erste in der Obhut einer befreundeten Familie.

Sicherlich schwer zu verkraften war es für sie auch, dass Marx als Chef der *Neuen Rheinischen Zeitung* immer wieder mit der Staatsmacht in Konflikt geriet. Er sah sich öffentlichem Druck ausgesetzt, erhielt Vorladungen; zweimal musste er sich vor Gericht verantworten, das eine Mal wegen Beleidigung und Verleumdung, das andere Mal wegen des Aufrufs der Redaktion zur Steuerverweigerung. Insbesondere in der Schlussphase standen Karl und Jenny mit ihren eng begrenzten privaten Geldmitteln für das »Organ der Demokratie« ein, wie es sich im Untertitel nannte. Trotz erheblicher finanzieller Einbußen, die von der Familie nur schwer verkraftet werden konnten, haben in späteren Jahren einige seiner Widersacher Marx bezichtigt, er habe sich während der Revolution persönlich bereichert. Unter solchen öffentlichen Verleumdungen ihres Mannes hat Jenny weit stärker gelitten, als man vielfach annimmt. »Sie wissen«, schreibt sie voller Empörung im Mai 1850 an ihren Freund Joseph Weydemeyer, »welche Opfer mein Mann der Zeitung brachte, Tausende steckte er bar hinein, das Eigentum der Zeitung übernahm er, beschwatzt durch die demokratischen Biedermänner, die sonst selbst für die Schulden hätten haften müssen, zu einer Zeit, wo schon wenig Aussicht mehr zur Durchführung da war. Um die politische Ehre des Blatts, um die bürgerliche Ehre der Kölner Bekannten zu retten, ließ er sich alle Lasten aufbürden, seine Maschine gab er hin, alle Einnahmen gab er hin, ja, beim

Fortgehn borgte er 300 Reichstaler, um die Miete für das neugemietete Lokal, um die rückständigen Honorare ... zu zahlen – und er war gewaltsam vertrieben.«

Eine der schlimmsten Prüfungen Jennys fällt in die ersten Märztage 1848. Da wurden Karl und unmittelbar danach auch sie selbst in Brüssel verhaftet und ins Gefängnis geworfen, ein traumatisches Erlebnis, dem sie in ihrer kleinen autobiografischen Skizze »Kurze Umrisse eines bewegten Lebens« breiten Raum gibt.

»In der späten Nacht dringen 2 Männer in unser Haus. Sie fragen nach Karl und, indem er vortritt, geben sie sich als sergents de police zu erkennen, versehen mit dem Mandat, Karl zu fassen und zur Untersuchung zu ziehen. In der Nacht schleppen sie ihn weg. In furchtbarer Angst eile ich ihm nach, suche Männer von Einfluß auf, um zu erfahren, was der Plan ist. Ich eile in der finstern Nacht von Haus zu Haus. Da plötzlich faßt mich eine Wache, nimmt mich gefangen und wirft mich in ein dunkles Gefängnis. Es war dies der Ort, an welchem man obdachlose Bettler, heimatlose Wandrer, unglückliche, verlorene Frauen unterbringt. Man stößt mich in ein dunkles Gemach. Schluchzend trete ich ein, da bietet mir eine unglückliche Leidensgefährtin ihr Lager an. Es war eine harte Holzpritsche. Ich sinke aufs Lager nieder. Als der Morgen graut, erblicke ich am gegenüberliegenden Fenster hinter eisernem Gitterwerk ein leichenblasses, trauriges Gesicht. Ich trete ans Fenster und erkenne unsern guten alten Freund Gigot. Als er mich erblickt, macht er mir Zeichen und winkt nach den untern Räumen. Ich schaue dorthin und entdecke Karl, der eben unter Militäreskorte abgeführt wird.«

Marx hat in einem Brief an die Zeitschrift *La Réforme* diesen Übergriff der Brüsseler Polizei an den Pranger gestellt; seine Schilderung unterscheidet sich, da zeitnah abgefasst, hier und da im Detail von der Darstellung Jennys. Über sie heißt es in dem Brief: »… das ganze Verbrechen meiner Frau besteht darin, daß sie trotz ihrer Zugehörigkeit zur preußischen Aristokratie die demokratischen Auffassungen ihres Mannes teilt.«

Jenny Marx hat ihren Mann aus tiefer innerer Überzeugung unterstützt und offenbar nie den Versuch gemacht, ihn von bestimmten Vorhaben, die ihm wichtig waren, abzubringen oder ihn auf einen anderen Weg zu leiten. Das ist ebenso erstaunlich wie erklärungsbedürftig. Andere, die Marx wohlgesonnen waren, wie etwa der Arzt Louis Kugelmann, haben ihn zum Beispiel bedrängt, sich ganz seiner wissenschaftlichen Arbeit zu widmen und das unmittelbare politische Engagement aufzugeben. Jenny tat dergleichen nicht. Vielleicht stand hinter dieser Haltung gar keine rationale Überlegung, vielleicht folgte sie ihrer Intuition. Und vielleicht wurde sie in ihrer Einstellung bestätigt und bestärkt durch einen bewegenden Brief, den sie in London von ihrer Freundin Amalie Daniels erhalten hat.

In ihrer Kölner Zeit waren Karl und Jenny Marx mit dem Ehepaar Daniels eng befreundet. Amalies Mann, der Arzt Roland Daniels, war Mitglied des Bundes der Kommunisten; Marx hatte ihm sein Buch *Misère de la philosophie* gewidmet. Als 1852 im »Kölner Kommunistenprozess« die restaurierte preußische Staatsmacht – angeleitet vom Innenminister Ferdinand von Westphalen – Rache an führenden Persönlichkeiten der Revolution nahm, entging Daniels im Unterschied zu anderen Mitangeklagten zwar einer langen Gefängnisstrafe. Aber er hatte sich in seiner Untersuchungshaft eine Tuberkulose zugezogen, an der er 1855 verstarb. Amalie trug schwer an diesem Verlust, doch Rolands Familie vergrößerte noch ihren Schmerz, indem sie ihr eine Mitschuld am Tod ihres Mannes gab.

»Die Verwandten meines Mannes betragen sich abscheulich gegen mich; der Grund soll gelten, ich habe Roland nicht in seinen Ansichten geändert, er sei deshalb gestorben, und ich gehöre zu den Mördern. Ich bin stolz auf diese Anklagen. Es ist ein Glück für mich, daß ich Roland nie den leisesten Vorwurf gemacht habe. Glauben Sie mir, das Gute, was man getan hat, vergißt sich ganz dem Toten gegenüber, der kleinste Fehler wird zur großen Schuld, und ich würde wahnsinnig, wenn ich mir sagen müßte, ich habe Roland gequält. Daß er so gestorben ist, wie er starb, ist mein einziger Trost.«

Luise Dornemann vermutet, dass vor der ersten großen Begegnung zwischen Karl Marx und Friedrich Engels 1844 in Paris Jenny der einzige Mensch gewesen sei, der Marx und sein politisches und philosophisches Anliegen wirklich verstanden hat. Das ist durchaus möglich. Und es zeigt, dass das Los einer politischen Frau auch eine andere, freundlichere Seite hatte. Jenny wurde schon früh zu einer engen Mitarbeiterin ihres Mannes. Zu Zeiten der *Neuen Rheinischen Zeitung* war sie eng in die Redaktionsarbeit und die politischen Aktivitäten involviert; als Marx im Frühjahr 1849 mehrere Wochen verreist war und Engels die Redaktion leitete, hat dieser sich in wichtigen Fragen offenbar mit Jenny abgestimmt. Unzweifelhaft ist ihre Mitarbeit am Anfang 1848 in Brüssel entstandenen *Manifest der Kommunistischen Partei.* Jenny liest Entwürfe, kritisiert, diskutiert, streitet um Formulierungen, nimmt Diktate auf, überträgt Karls unleserliche Entwürfe in Reinschrift. Die ersten beiden Zeilen der einzig erhaltenen Seite des Originalmanuskripts stammen von ihr. Vermutlich ist sie es auch, die das *Manifest* druckfertig macht, die es als Erste in seiner endgültigen Gestalt zu lesen bekommt.

»Alle bisherigen Bewegungen waren Bewegungen von Minoritäten oder im Interesse von Minoritäten. Die proletarische Bewegung ist die selbständige Bewegung der ungeheuren Mehrzahl im Interesse der ungeheuren Mehrzahl. Das Proletariat, die unterste Schichte der jetzigen Gesellschaft, kann sich nicht erheben, nicht aufrichten, ohne daß der ganze Überbau der Schichten, die die offizielle Gesellschaft bilden, in die Luft gesprengt wird.«

Jenny Marx, geborene von Westphalen, die junge Frau aus aristokratischem Hause, hinterlässt ihre Spuren in einem kämpferischen, weltbewegenden Text, der sich ganz in den Dienst des Proletariats, der Aufhebung aller Klassenherrschaft stellt – und in einer solcherart egalitär organisierten Gesellschaft zugleich die unabdingbare Voraussetzung für umfassende Freiheit und Demokratie erkennt.

Die Emanzipation des Proletariats war das eine – aber wie stand es mit Jennys eigener Emanzipation? Seit der zweiten Hälfte der 1840er-Jahre war sie Teil der sozialistischen Bewegung. Für sie selbst bedeutete das vor allem, Teil der Arbeit ihres Mannes zu sein. Für Jenny war das kein Widerspruch. Betrachtet man ihre sich über mehrere Jahrzehnte erstreckenden Äußerungen zur Rolle der Frau im Allgemeinen und zur politischen Frau im Besonderen, stellt man eine bemerkenswerte Kontinuität fest. Sie sind bis zuletzt von einer nüchternen Einschätzung der Möglichkeiten eines autonomen, von der Männerwelt emanzipierten weiblichen Agierens gekennzeichnet.

In ihrer Brautzeit hofft Jenny auf einen individuellen Ausweg aus der patriarchalischen Gesellschaft, und zwar durch eine Beziehung zum »richtigen«, also nicht patriarchalischen Mann. Je enger die Bindung und Hingabe der Frau an diesen Mann, desto größer auch ihre Chance auf ein sinnerfülltes Leben. 1839/40 (in ihrer Replik auf Karls Eifersuchtsszene) erzählt Jenny, dass sie sich tagelang mit dem Gedanken abgemartert habe, Karl könne ihretwegen in Händel und dann in ein Duell geraten sein. »Tag und Nacht sah ich Dich verwundet und blutend und krank, und, Karl, daß ich Dir alles sage, ich war doch nicht ganz unglücklich an diesem Gedanken, denn ich bildete mir fast ein, Du hättest Dein rechtes Händchen verloren, und, Karl, darum hab' ich geschwärmt, darüber war ich selig. Sieh, Herzchen, da dacht' ich mir, dann könnt' ich Dir einmal recht unentbehrlich werden, dann würdest Du mich immer um Dich und liebbehalten haben. Da dacht' ich dann, daß ich all Deine lieben Himmelsgedanken hätte niederschreiben und Dir recht nützlich werden können.«

Drei Jahre später klingt der gleiche Gedanke schon nüchterner, differenzierter, realitätsnäher: »Könnt' ich Dir doch die Wege all ebnen und glätten und alles wegräumen, was hindernd Dir entgegentreten sollte«, schreibt sie Karl. »Aber das ist nun einmal nicht unser Los, daß wir auch mit in des

Schicksals Räder tatkräftig eingreifen sollten. Wir sind vom Sündenfall, von Madame Evas Verstoß her, zur Passivität verurteilt, unser Los ist das Warten, Hoffen, Dulden, Leiden. Höchstens wird uns der Strickstrumpf, die Nadel, der Schlüssel anvertraut, und was darüber, ist vom Übel.«

Doch hat Jenny diesem leicht resignierten, auch selbstkritischen Frauenbild je entsprochen? Stephan Born erinnert sich an die Brüsseler Zeit und an eine Jenny Marx, die scheinbare Widersprüche auf ganz selbstverständliche Weise löste: »Frau Marx lebte in den Ideen ihres Mannes, sie ging ganz dabei in der Sorge für die Ihrigen auf und war doch so himmelweit von der strumpfstrickenden, den Kochlöffel rührenden deutschen Hausfrau entfernt.«

In der kleinen, eng aufeinanderhockenden Brüsseler Exilantenkolonie scheint es zuweilen, wie man heute sagen würde, »gruppendynamische Prozesse« unangenehmerer Art gegeben zu haben. Während ihrer »Auszeiten« in Trier reflektierte Jenny über das, was sie zuvor in Brüssel erlebt hatte oder während ihrer Abwesenheit aus Briefen ihres Mannes an Neuem erfuhr. Bekanntlich hatte sie es gar nicht erwarten können, endlich der bigotten Trierer Kleinbürgeridylle zu entkommen. Nun, 1845, macht sie ihrer Enttäuschung über die »große Welt«, in der sie jetzt lebt, energisch Luft – und scheint auch Karl von ihrem Unmut nicht auszunehmen. Abermals kommt sie dabei auf die Rolle der Frau zu sprechen, nun mit einem Plädoyer für etwas mehr Bescheidenheit und Wirklichkeitsnähe, gegen hochfliegende Weltbeglückungsfantasien.

»Mir selbst ist auch gar zu wohl in Kleindeutschland! Nicht wahr? zu dem Ausspruch, Euch Erzdeutschfressern gegenüber, gehört ein starker Mut – aber ich hab' ihn, und trotz alledem und alledem lebt sich's ganz gut im alten Sünderlande. Jedenfalls hab' ich die kleinsten und kleinlichsten Verhältnisse erst im herrlichen Frankreich und Belgien kennengelernt. Die Menschen hier sind klein, winzig klein, das ganze Leben nur eine Miniaturausgabe, allein dort sind die Helden auch keine Riesen, und das Leben für den einzelnen ist um keinen Deut großartiger. Für Männer mag es anders sein, aber für die Frau, die zum Kinderkriegen, Nähen, Kochen, Flicken bestimmt ist, für die lob' ich mir das miserable Deutschland. Da macht einem so ein Kind noch Ehre, der Kochlöffel und die Nadel zieren noch etwas, und außerdem hatte man doch noch die Beruhigung erfüllter Pflicht zum Lohn für die verwaschnen, vernähten, verkindeten Tage in seinem Herzen. Seitdem aber die alten Geschichten als Pflicht und Ehre und dergleichen nichts mehr gelten, seitdem man so avanciert ist, selbst dergleichen alte Parolen für abgetan zu halten, seitdem man sogar Momente zu Anflügen von sogar Stirnerschem Egoismus in sich verspürt, seitdem hat man auch keinen Trieb mehr zu den kleinlichen Pflichten des Lebens. Man will auch genießen und sich betätigen und the happiness of mankind an sich selbst erfahren.«

Auch wenn diese Äußerungen gewiss nicht frei von Ironie sind, so enthalten sie doch einen ernsten Kern. Ein Jahr später, 1846 und abermals in Trier, hat Jenny Kunde von Diskussionen unter den Brüsseler Männern erhalten, in denen offenbar die »ideale Frau« Thema gewesen ist. Sie ergreift vehement Partei für Engels, der die Debatte für abgehoben und wirklichkeitsfremd erklärt hatte, und fügt hinzu: »Ich selbst komme mir bei dieser abstrakten Musterstellage wirklich selbst ganz eklig vor und möchte gewiß sein, alle Fehler und Schwächen dagegen hervorzusuchen.« Nicht um irgendeinen weiblichen Idealtypus gehe es, sondern um reale Frauen, so wie sie sind, und darum, das ihnen innewohnende Potenzial zu entfalten. Dazu wiederum bedürfe es, wie sie schon einige Jahre zuvor behauptet hatte, des »richtigen« Mannes. »Es wimmelt von schönen, liebenswürdigen, tüchtigen Weibern, in allen Ecken der Welt gibt es solche, sie harren bloß des Mannes, der sie befreien, erlösen soll. Jeder Mann kann der Erlöser eines Weibes werden.«

Sie selbst hatte diesen Mann gefunden – dessen war sich Jenny gewiss! Und in der Tat: Sie hat in ihrem Leben mit Karl Marx – ungeachtet aller Leiden und Entbehrungen – Potenziale freisetzen können, die sicherlich verborgen geblieben wären, wenn sie eine »gute Partie« gemacht und beispielsweise in die Kreise ihres Halbbruders Ferdinand eingeheiratet hätte.

Dass sie dennoch als Frau in der Gesellschaft des 19. Jahrhunderts nicht gleichberechtigt war und es auch nicht sein konnte, war Jenny von Beginn an bewusst. Auch in der politischen Sphäre waren ihre Handlungsspielräume trotz allen Engagements begrenzt. Darunter hat sie besonders gelitten. In aller Drastik hat sie diese Einschränkungen erstmals im Juni 1849 gespürt, als sie in Trier Todesängste um ihren Mann ausstand, der sich mitten in den Pariser Unruhen befand, obendrein von der dort wütenden Cholera bedroht war. Situationen dieser Art hat sie auch später, insbesondere zu Zeiten der Pariser Kommune, schmerzhaft durchlebt.

Sich nicht selbst in die Schlacht stürzen zu können, schreibt sie Wilhelm Liebknecht in einem aus jener Zeit stammenden Brief, sei vielleicht schlimmer, als untätig zu Hause auf die Wiederkehr des Mannes warten zu müssen. »Uns Frauen fällt in allen diesen Kämpfen der schwerere, weil kleinlichere Teil zu. Der Mann, er kräftigt sich im Kampf mit der Außenwelt, erstarkt im Angesicht der Feinde, und sei ihre Zahl Legion, wir sitzen daheim und stopfen Strümpfe. Das bannt die Sorge nicht, und die tagtägliche kleine Not nagt langsam aber sicher den Lebensmut hinweg.« In solch schwierigen Situationen fiel die allgemeine Problematik des Frauseins im 19. Jahrhundert mit dem »Los der *politischen* Frau« zusammen.

Kampf ums Dasein

Wenige Tage nach Jennys Tod im Dezember 1881 berichtet Karl Marx seiner ältesten Tochter sichtlich gerührt von den aus aller Welt eingehenden Beileidsbekundungen. Darunter ist auch ein Schreiben Wilhelm Liebknechts. Der Gründervater der deutschen Sozialdemokratie bekennt darin, dass er ohne Jenny Marx das Londoner Flüchtlingselend nicht überlebt hätte.

Viele Jahre später, in den 1890er-Jahren, besucht Liebknecht noch einmal London und durchstreift mit der jüngsten Marx-Tochter Eleanor die Stadt. Die beiden sind auf Spurensuche, frischen ihre Erinnerungen auf. Liebknecht sammelt Material für ein kleines Buch über Marx und die gemeinsame Londoner Zeit, das er 1896 veröffentlichen wird. Auch andere Zeitgenossen haben von ihren Erlebnissen mit Marx und dessen Familie berichtet, doch Liebknechts Text ist unübertroffen, nicht nur wegen seines vergleichsweise großen Umfangs, sondern auch weil er so lebensnah ist, so farbenfroh und plastisch. Er wird freilich ungern zitiert, weil er aus einer beinahe uneingeschränkten Bewunderung und Sympathie für Marx geschrieben ist und die schon damals verbreiteten Klischees mit Nachdruck korrigiert. Doch nicht nur seinem alten Weg- und Kampfgefährten, auch Jenny setzt Liebknecht in diesen Reminiszenzen ein kleines Denkmal.

Als sie 1849 in London eintraf, stand die Familie Marx vor dem Nichts. Sie teilte ihr Los mit unzähligen anderen Verfemten, die es vom Kontinent auf die Insel verschlagen hatte. Zusammen mit Karl engagiert sich Jenny in einem Unterstützungskomitee für die Flüchtlinge. Obwohl selbst in größter Bedrängnis, tut sie alles, um anderen zu helfen. Wilhelm Liebknecht, der von 1850 bis 1862 in London lebt, geht in Marx' Haus beinahe täglich ein und aus, gehört gleichsam zur Familie.

»Außer mir verkehrten da … auch viele andere. War doch selbstredend das Marxsche Haus … ein bescheidenes Stockwerk in der bescheidenen Dean Street, Soho Square – ein Taubenschlag, wo viel und allerhand fahrendes, flüchtiges und Flüchtlings-Volk aus- und einflog, kleine Tiere, große und größte Tiere. Und außerdem war es auch für die seßhaften Genossen der natürliche Mittelpunkt. Freilich mit der Seßhaftigkeit hatte es seinen Haken. In London war es gar schwer, sich ein festes Unterkommen zu schaffen, und der Hunger trieb die meisten Flüchtlinge in die Provinz oder nach Amerika, vorausgesetzt, daß er nicht kurzen Prozeß machte und dem armen Teufel von Flüchtling auf einem Londoner Kirchhof zwar nicht Seßhaftigkeit, aber dauernden Aufenthalt verschaffte.«

Liebknecht blieb dieses grausame Schicksal erspart. Doch das sei nicht sein eigenes Verdienst gewesen, versichert er:

»… daß ich in dem harten Kampfe um das Dasein, um das nackte physische Leben, oder sagen wir lieber um das Nichtverhungern – denn gehungert wurde in London jahrelang –, daß ich in diesem verzweifelten Ringen um ein Stück Brot oder ein paar Kartoffeln nicht zugrunde gegangen bin, das verdanke ich Marx und seiner Familie.«

»Marx und seine Familie« – eine summarische Formulierung, mit der aber ohne Zweifel an erster Stelle Jenny gemeint ist. Sie habe auf seine Entwicklung wohl einen ebenso starken Einfluss ausgeübt wie Marx selbst. Der 1826 geborene Liebknecht war ohne Mutter aufgewachsen; sie starb, als er drei Jahre alt war. Die Folge sei »eine etwas harte Erziehung« gewesen, ein ernster Umgang mit Frauen sei ihm lange fremd geblieben. »Und hier fand ich nun eine schöne, hochsinnige, geistvolle Frau, die sich des freundlosen, an den Themsestrand verschlagenen Freischärlers halb mütterlich, halb schwesterlich annahm.« Es folgt eine postume Liebeserklärung: »Sie war mir bald Iphigenie, die den Barbaren sänftigt und bildet, bald Eleonore, die dem mit sich Zerfallenen, an sich Zweifelnden Ruhe gibt – Mutter, Freundin, Vertraute, Beraterin. Sie war mir das Ideal eines Weibes, und sie *ist* es mir. Und … wenn ich in London nicht zugrunde gegangen bin, geistig und körperlich, dann verdanke ich es zum großen Teile *ihr,* die, wenn ich dachte, in dem brandenden Ozean des Flüchtlingselends zu versinken, mir wie Leukothea dem schiffbrüchigen Odysseus erschien und wieder Mut gab zu schwimmen.«

Nach mehreren provisorischen Unterkünften lebt die Familie Marx seit Ende 1850 in 28, Dean Street, Soho. Eigentlich keine Wohnung, eher ein Loch, wie Jenny sagt. Schmutzig und über die Maßen ungesund, im Sommer heiß und schwül, im Winter kalt und muffig. Das liegt nicht nur an Unzulänglichkeiten in den bewohnten Räumen selbst, sondern auch und vor allem an der Umgebung in Soho. Die Luft ist verpestet, fließendes Wasser gibt es nur an bestimmten Tagen – und wenn es kommt, ist es völlig unzureichend gefiltert und wegen gravierender Mängel in der »Infrastruktur« oft mit Leuchtgas durchsetzt. Entsprechend leicht breiten sich Krankheiten aus, auch Epidemien, wie die Cholera. Die Sterblichkeitsrate ist hoch, zumal die der Kinder.

Obendrein lebt die Familie Marx äußerst beengt; man kann sich nicht aus dem Weg gehen, muss ohne wirkliche Privat- oder Intimsphäre auskommen. Wie Harald Wessel festgestellt hat, spricht fast alles dafür, dass die Familie nicht, wie manchmal zu lesen, drei Räume, sondern nur zwei bewohnte: »… ein Raum mit drei Fenstern an der Straßenseite sowie ein zweiter Raum an der Rückseite, der um Treppenaufgang und Etagenflur kleiner war als der vordere Raum. Vielleicht gab es außerdem noch eine Art Kochnische oder eine Abstellnische. Ein Bad war nicht vorhanden. Und die Toilette befand sich höchstwahrscheinlich auf dem Hof.«

So lebten in der Regel mindestens sechs, oft jedoch mehr Menschen zusammen, Erwachsene und Kinder. Nicht nur aus Liebknechts Erzählungen wissen wir, dass Karl und Jenny Marx ein stets offenes Haus führten. Von einem »Taubenschlag« ist da die Rede. Es gab aber nicht nur Kurzzeitbesucher. Vor allem später, als die Wohnverhältnisse sich verbessert hatten, haben sich immer wieder Freunde oder Verwandte, oft hilfsbedürftige, bei den Marx' einquartiert, für Wochen, manchmal für Monate – trotz mitunter schwierigster Bedingungen für die Gastgeber. Solch selbstverständliche Hilfsbereitschaft und Großzügigkeit zeichnete nicht nur Jenny zeitlebens aus, sondern auch ihren oft als »egoman« stigmatisierten Mann.

Manchmal liest man, Marx habe der ganzen familiären Misere unbekümmert den Rücken gekehrt, seine Frau samt Kindern im Dreck von Soho alleingelassen und es sich im Lesesaal des Britischen Museums bequem gemacht. Lassen wir beiseite, dass Jenny in Lenchen Demuth eine unschätzbare Hilfe besaß, und studieren nur den Briefwechsel zwischen Marx und Engels mit Blick auf die privaten Lebensumstände, so finden wir schon hier unzählige Hinweise auf das genaue Gegenteil: Marx hat oft zu Hause gearbeitet. Nicht weniger häufig konnte er, auch wenn er gewollt hätte, das Haus nicht verlassen, weil er krank war; oder weil seine Frau oder die Kinder krank waren; oder weil er kein Kleidungsstück mehr zur Verfügung hatte, mit dem er sich in der Öffentlichkeit hätte zeigen können. Oft musste er seine Arbeit – ob zu Hause oder in der Bibliothek – liegen lassen, um irgendwo in der Stadt Geld oder etwas Essbares zu beschaffen. Am 8. September 1852 zum Beispiel schreibt er nach Manchester:

»Lieber Engels!

Dein Brief heute kam in eine sehr aufgeregte Atmosphäre.

Meine Frau ist krank. Jennychen ist krank, Lenchen hat eine Art Nervenfieber. Den Doktor kann und konnte ich nicht rufen, weil ich kein Geld für Medizin habe. Seit 8–10 Tagen habe ich die family mit Brot und Kartoffeln durchgefüttert, von denen es noch fraglich ist, ob ich sie heute auftreiben kann. …

Das Beste und Wünschenswerteste, was passieren könnte, wäre, wenn mich die landlady zum Haus hinauswürfe. Ich wäre dann wenigstens die Summe von 22 £ quitt. Aber so viel

Gefälligkeit ist ihr kaum zuzutrauen. Dazu Bäcker, Milchmann, Teekerl, greengrocer, alte Metzgerschuld noch. Wie
soll ich mit all dem Teufelsdreck fertig werden?«

Ein gutes halbes Jahr später hat sich die Lage nicht wesentlich geändert; diesmal ist es Jenny, die sich – möglicherweise
ohne Wissen ihres Mannes – mit einem Hilferuf an Engels
wendet, und auch dieser Brief gibt Hinweise auf Marx' jeweilige Aufenthaltsorte und Tätigkeiten:

»Lieber Herr Engels,

Es ist mir furchtbar unangenehm, in Geldsachen an Sie
schreiben zu müssen. Sie haben uns nur schon zu oft geholfen.
Aber dieses Mal weiß ich keine Rettung, keinen Ausweg. Ich
habe an Hagen in Bonn, an Georg Jung, an Cluß, an meine
Schwiegermutter, meine Schwester in Berlin geschrieben –
schreckliche Briefe! Und von allen, allen bis heute keine Antwort. So bleibt uns kein Mittel mehr übrig. Ausmalen, wie es
hier aussieht, kann ich nicht. Mein Mann ist in die City zu
Gerstenberg. Sie können denken, welch ein Gang das für ihn
ist. Während der Zeit schreibe ich diese Zeilen. Können Sie
etwas uns schicken? Für Freitag hat der Bäcker das Brot ge-
kündigt. Gestern hat der Musch [Spitzname für den damals
sechsjährigen Sohn Edgar] ihn noch abgewehrt, indem er
dem Bäcker auf seine Frage ›Is Mr. Marx at home?‹ antwortete
›No, he a'nt upstairs!‹ und dann mit seinen 3 Broten unter dem
Arm pfeilschnell davonlief und seinem Mohr erzählte.«

Insbesondere die ersten beiden Jahre in Soho waren, wie
Jenny rückblickend geschrieben hat, eine Zeit »der größten
äußern Sorgen, beständiger aufzehrender Angst, großer Entbehrungen aller Art und selbst wirklichen Mangels«.

Autoren, die das Leben der Marx' in jenen Jahren zu veranschaulichen suchen, zitieren mit Vorliebe aus dem Bericht eines preußischen Spitzels, der sich das Vertrauen der Familie erschlichen hat und – während er ihre Gastfreundschaft genießt – eingehend die Wohnverhältnisse inspiziert und überall herumschnüffelt. Selbst er kann sich am Ende der Herzlichkeit und dem Charme seiner Gastgeber nicht ganz entziehen. Dennoch weiß er natürlich, was er seinem Dienstherrn schuldig ist – und berichtet gar Schauerliches ins ferne Berlin. Man sollte indes nicht alles glauben, was der mit viel denunziatorischer Fantasie begabte Autor an Einzelheiten zum Besten gibt (»alles ist zerbrochen, zerfetzt und zerlumpt, überall klebt fingerdicker Staub«). Aus seinen Schilderungen gewinnt man den Eindruck, im marxschen Haus habe ein bohemehaftes Tohuwabohu geherrscht – etwa so ähnlich, wie sich preußische Philister schon immer die »kommunistische Wirtschaft« vorgestellt haben. Um wie viel aussagekräftiger als dieses zweifelhafte Produkt eines Überwachungsstaates sind da doch die schriftlichen Hinterlassenschaften von Jenny und Karl Marx selbst! Und kein Dokument ist wohl erschütternder als jener umfangreiche Brief Jennys vom 20. Mai 1850 – also noch aus der Zeit provisorischer Unterkünfte, vor dem Umzug nach 28, Dean Street –, in dem sie dem damals in Frankfurt lebenden Freund Joseph Weydemeyer einen Einblick in ihre Lebensumstände gibt.

»Ich werde Ihnen nur *einen* Tag aus diesem Leben schildern, so wie er war, und Sie werden sehen, daß vielleicht wenig Flüchtlinge ähnliches durchgemacht haben. Da die Ammen hier unerschwinglich sind, entschloß ich mich, trotz beständiger schrecklicher Schmerzen in der Brust und im Rücken, mein Kind selbst zu nähren.« – Bald nach Jennys Ankunft auf der Insel ist das vierte Kind geboren worden, Heinrich Guido, genannt »Föxchen«. – »Der kleine arme Engel trank aber mir so viel Sorgen und stillen Kummer ab, daß er beständig kränkelte, Tag und Nacht in heftigen Schmerzen lag. Seit er auf der Welt ist, hat er noch keine Nacht geschlafen, höchstens 2 bis 3 Stunden. In der letzten Zeit kamen nun noch heftige Krämpfe hinzu, so daß das Kind beständig zwischen Tod und elendem Leben schwankte. In diesen Schmerzen sog er so stark, daß meine Brust wund ward und aufbrach; oft strömte das Blut ihm in sein kleines bebendes Mündchen. So saß ich eines Tages da, als plötzlich unsre Hauswirtin, der wir im Lauf des Winters über 250 Reichstaler gezahlt und mit der wir kontraktlich übereingekommen waren, das spätere Geld nicht ihr, sondern ihrem Landlord auszuzahlen, der sie früher hatte pfänden lassen, eintrat und den Kontrakt leugnete, die 5 £, die wir ihr noch schuldeten, forderte, und als wir sie nicht gleich hatten …, traten zwei Pfänder ins Haus, legten all meine kleine Habe mit Beschlag, Betten, Wäsche, Kleider, alles, selbst die Wiege meines armen Kindes, die beßren Spielsachen der Mädchen, die in heißen Tränen dastanden. In 2 Stunden drohten sie alles zu nehmen – ich lag dann auf der flachen Erde mit meinen frierenden Kindern, meiner wehen Brust. Schramm, unser Freund, eilt in die Stadt, um Hilfe zu schaffen. Er steigt in ein Kabriolett, die Pferde gehn durch, er springt aus dem Wagen und wird uns blutend ins Haus gebracht, wo ich mit meinen armen zitternden Kindern jammerte.

Den Tag darauf mußten wir aus dem Hause, es war kalt und regnerisch und trüb, mein Mann sucht uns eine Wohnung, niemand will uns nehmen, wenn er von 4 Kindern spricht. Endlich hilft uns ein Freund, wir bezahlen, und ich verkaufe rasch alle meine Betten, um die vom Skandal der Pfändung ängstlich gemachten Apotheker, Bäcker, Fleischer, Milchmann zu bezahlen, die plötzlich mit ihren Rechnungen auf mich losgestürmt kommen. Die verkauften Betten werden vor die Tür gebracht, auf eine Karre geladen – was geschieht? – Es war spät nach Sonnenuntergang geworden, das englische Gesetz verbietet das, der Wirt dringt mit Konstablern vor, behauptet, es könnten auch von seinen Sachen dabei sein, wir wollten durchgehn in ein fremdes Land. In weniger als 5 Minuten stehen mehr als 2–3hundert Menschen gaffend vor unsrer Tür, der ganze Mob von Chelsea. Die Betten kommen zurück, erst am anderen Morgen nach Sonnenaufgang durften sie dem Käufer übergeben werden.«

Dieses lange Zitat aus einem noch längeren Brief wäre unvollständig und in gewisser Weise irreführend, würde man nicht auch das Ende des Schreibens wiedergeben, in dem Jenny auf ihre Schilderungen des Londoner Elends zurückkommt und diese in einer für sie charakteristischen Weise einordnet und relativiert. »Verzeihen Sie, lieber Freund, daß ich so breit und weitläufig selbst nur einen Tag unsres hiesigen Lebens Ihnen geschildert; es ist unbescheiden, ich weiß es, aber mein Herz strömte heut abend in meine zitternden Hände, und ich mußte einmal mein Herz ausschütten vor einem unsrer ältesten, besten und treusten Freunde. Glauben Sie nicht, daß mich diese kleinlichen Leiden gebeugt haben, ich weiß nur zu gut, wie unser Kämpfen kein isoliertes ist und wie ich namentlich noch zu den auserwählt Glücklichen, Begünstigten gehöre, da mein teurer Mann, die Stütze meines Lebens, noch an meiner Seite steht. Allein, was mich wirklich bis ins Innerste vernichtet, mein Herz bluten macht, das ist, daß mein Mann so viel Kleinliches durchzumachen hat, daß ihm mit so wenig zu helfen gewesen wäre und daß er, der so vielen gern und freudig half, hier so hilflos stand.«

Zweifellos leidet Marx darunter, dass er Frau und Kindern kein anderes Leben bieten kann. Möglich, dass ihm noch die mahnenden Worte seines Vaters in den Ohren klingen; wahrscheinlich, dass er Jenny gegenüber ein schlechtes Gewissen, Schuldgefühle hat. Dennoch – oder vielleicht gerade darum – fällt es ihm zum damaligen Zeitpunkt schwer, mit der Misere offen umzugehen. Gut einen Monat nach dem Verzweiflungsschrei Jennys, am 27. Juni 1850, schreibt er Weydemeyer: »Du mußt die aufgeregten Briefe meiner Frau nicht übelnehmen. Sie stillt, und unsere Lage hier ist so außerordentlich miserabel, daß das Ausreißen der Geduld pardonnabel wird.« Faktisch bestätigt Marx zwar Jennys Beschreibung, doch er hält offenbar einen anderen Umgang mit der Misere für angezeigt. Vermutlich in dem Bestreben, die Nerven nicht zu verlieren, souverän zu bleiben, verhärtet er sich; zumal in seinem Briefwechsel mit Engels schreibt er oft zynisch, sarkastisch und voller Bitterkeit, wobei zu diesem raubeinigen und oft schwer erträglichen Ton auch Engels seinen Beitrag leistet.

Es ist sicherlich keine Selbsttäuschung, wenn Jenny in ihrem Brief an Weydemeyer sagt, dass die »kleinlichen Leiden«, denen sie und ihre Familie in London ausgesetzt sind, sie nicht gebeugt hätten. Nein, durch Nöte und Demütigungen *dieser* Art lässt sich Jenny weder damals noch später in die Knie zwingen. Dennoch hinterlassen sie Spuren. Seit Anfang der 1850er-Jahre kann es Marx nicht länger verborgen bleiben, dass die Misere immer bedrohlicher an Jennys Nerven zerrt. Er versucht, ein Gegengewicht zu bilden, Ruhe zu bewahren oder – wie er es einige Jahre später ausdrücken wird – »Haltung zu behaupten«. Wirklich überzeugend gelingt ihm das nicht. In seinem Innersten ist er oft ebenso verzweifelt wie seine Lebensgefährtin.

Jenny, die so starke Frau, deren Gefühlsleben immer schon labil gewesen ist, gerät in der Londoner Misere an ihre Grenzen. Wie heftig ihre emotionalen Schwankungen ausfallen konnten, zeigt die Zeit zwischen Ende Mai und Ende Juni 1852. Da ist Marx zu Gast bei Engels in Manchester. Die zurückgebliebene Jenny schreibt mehrere Briefe an ihren Mann. Drei von ihnen sind überliefert – drei grundverschiedene. Der erste kolportiert vor allem Klatsch und Tratsch, ist voller Witz und guter Laune. Der zweite ist ein verzweifelter, mit Vorwürfen durchsetzter Hilferuf. Jenny wächst das Elend über den Kopf. »Ich sitze hier und weine mir fast die Augen aus und weiß keine Hilfe. ... Mein Kopf hält nicht mehr zusammen. 8 Tage hab' ich wieder meine Kräfte gesammelt, nun kann ich nicht mehr.« Auch aus Manchester treffen mehrere Schreiben ein, doch nur eines ist erhalten geblieben. Darin zeigt sich Marx ohnmächtig und reagiert beinahe verlegen; er versucht Jenny aufzumuntern, indem er sie an ihre »Elastizität« erinnert (bei einer späteren Gelegenheit wird er von der »Schwungkraft ihrer Natur« sprechen), die ihr helfen werde, die Krise zu überstehen. Doch was er ihr in diesem und anderen Briefen schreibt, tröstet und hilft Jenny nicht. Sie fühlt sich alleingelassen. Ihre Enttäuschung verarbeitet sie freilich auf eigentümliche Weise; ihr dritter Brief ist vom schlechten Gewissen diktiert, eine Selbstanklage. »Ich habe Dir heute wenig zu sagen, als daß ich recht, recht traurig war, als ich Deine Briefe las, nicht über Dich, sondern über mich, nicht weil sie ›kahl‹ waren, wie Du meinst, an klingender Münze, sondern weil sie ›kahl‹ waren an Freundlichkeit und Liebe. Und daß sie so waren, daran bin ich ja nur allein schuld. Ich habe Dir Dein kurzes Entrinnen aus der Londoner Misere so verbittert, Dir Deinen Aufenthalt bei Frederick so vergällt und Dich so gereizt und so geängstigt, daß ich mich wirklich *fürchte* und *scheue,* Dich wiederzusehn. Du kannst Dich nicht mehr auf *mich* freuen, ich habe Dich so gequält, so kleinlich Dich verfolgt und gemartert; aber nicht wahr, Du freust Dich wenigstens auf die lieben, freundlichen Kinder, auf ihre unschuldig harmlosen Gesichtchen? Du kommst doch gerne zurück? ...

Lupus läßt Dich ja bitten, den Brief von Cluß an ihn ihm doch wieder mitzubringen. ... Mir aber bring Dein Herz mit, Dein altes, liebes, treues. Man vergißt oft, wie *reich* man ist, und man glaubt arm zu sein. Weh über den Irrtum. Liebes, gutes Herz. Komm freundlich heim, und freu Dich ein bißchen auf uns –

Deine Kinder und Deine *Jenny*«

Das materielle Elend, so groß es ist und so groß es noch lange Jahre bleiben wird, hält Jenny nicht davon ab, die selteneren

Glücksmomente ihres Lebens zu genießen. Vor allem die Sonntage haben es in sich. Liebknecht ist oft dabei.

»Unsere Fahrten nach Hampstead Heath! Würde ich tausend Jahre alt, ich würde sie nicht vergessen. ... Ein Sonntag in Hampstead Heath war das höchste Vergnügen für uns. Die ganze Woche sprachen die Kinder davon, und auch wir Erwachsenen, die Alten und die Jungen, freuten uns darauf. Schon die Reise hin war ein Fest. ... In der Regel wurde schon vormittags gegen 11 Uhr aufgebrochen. Oft freilich wurde es etwas später, denn in London pflegt man nicht früh aufzustehn, und bis alles in Ordnung, die Kinder besorgt und der Korb richtig gepackt war, verging immer einige Zeit.

Dieser Korb! Er steht oder hängt vielmehr vor meinem ›geistigen Auge‹ so lebendig, so leibhaftig, so anziehend, so appetitlich, als hätte ich ihn gestern zum letzten Mal an Lenchens Arm gesehen.«

Ein Handkorb von in London ungewohntem Umfang. Lenchen hat ihn noch von Trier her gerettet; sein durch Tradition geheiligtes Hauptstück ist ein mächtiger Kalbsbraten, den sie für die ausgehungerten Gäste zubereitet hat. In der urwüchsigen Heidelandschaft von Hampstead Heath wird ausgiebig gegessen und getrunken, gelesen und politisiert, mit den Kindern gespielt und getobt. Auf dem Rückweg deklamieren Karl und Jenny aus dem Kopf ganze Shakespeare-Szenen. Und natürlich singt man Lieder, sogar »patriotische« – »O Straßburg, o Straßburg, du wunderschöne Stadt« ...

Die Flüchtlinge als Lebenskünstler! Hat also der preußische Spitzel doch recht, hat man sich in der Londoner Exilantenkolonie »gehen lassen« und ein bohemehaftes Leben geführt – zumindest sonntags? Jenny Marx selbst wird diese Zeit viele Jahre später als »la vie de bohème« bezeichnen und ihr sogar ein wenig nachtrauern. Dennoch führt der Begriff in die Irre, schon deshalb, weil er einen Zug des Unverantwortlichen oder Verantwortungslosen suggeriert, von dem Jenny und Karl als Eltern mehrerer kleiner Kinder völlig frei waren und frei sein mussten. Wenn Jenny dem Leben der ersten Londoner Jahre rückblickend gleichwohl etwas Angenehmes abgewinnen konnte, dann, weil man sich in seiner Armut, Ausgestoßenheit, Perspektivlosigkeit unter seinesgleichen befand. Man war nicht allein, den anderen ging es genauso; und geteiltes Leid war halbes Leid. Anders als seinerzeit in Trier und anders auch als in den späteren Londoner Jahren brauchte man keine Fassaden zu errichten, keine »respectability« vorzutäuschen. Man kämpfte den Kampf der Armut mit offenem Visier. »La vie de bohème« entsprang der Verzweiflung, war ein Akt der Verdrängung und zugleich eine Überlebensstrategie. Es galt, wie Liebknecht schreibt, die Melancholie durch Galgenhumor zu vertreiben.

»In den schlimmsten Zeiten des Flüchtlingslebens ging es doch oft sehr lustig zu – natürlich nur, wenn man so glücklich gewesen war, nicht Hungers zu sterben. Trübsal ward nicht geblasen. Und sah man die Welt vor sich mit Brettern zugenagelt, so galt der Sheffielder Arbeiterspruch: A short life and a merry one – ein kurzes Leben und ein lustiges. Doch wer dachte an den Tod? Never say die! Sterben gilt nicht. Und toll ging es oft her – je schlimmer, desto ausgelassener. Gegen das grinsende Elend gab es nur ein einziges Heilmittel: Lachen! Wer sich finsteren Gedanken hingab, den hatte es gepackt und verschlang ihn. Vor hellem lustigen Lachen aber flüchtet sich das Elend wie der Teufel vor dem Hahnenschrei.«

In den ersten beiden Londoner Jahren leben Karl und Jenny Marx im Wesentlichen von den kleinen Zuwendungen anderer. Jennys Mutter Caroline zweigt ein wenig von ihrer bescheidenen Pension ab; Engels hilft, wo er kann, doch in der Anfangszeit sind auch ihm oft die Hände gebunden. Bis in den Spätherbst 1850 lebt er noch in London, in der trügerischen Hoffnung, sich dort eine selbstständige publizistische Existenz aufbauen zu können. Im November schließlich geht er nach Manchester und arbeitet fortan bei Ermen & Engels, der Firma seines Vaters.

Auch Marx würde sich gerne journalistisch und publizistisch über Wasser halten. Doch zum einen wird er von den meisten Verlagen und Zeitungen auf dem Kontinent auf Jahre hinaus boykottiert, zum anderen spricht er – wiewohl polyglott – damals noch kein Englisch, jedenfalls nicht so gut, dass er für englischsprachige Zeitungen und Zeitschriften schreiben könnte. Dennoch findet er 1851 Zugang zur *New-York Daily Tribune,* die sich im Laufe der Jahre zur wohl auflagenstärksten Zeitung der Welt entwickelt. Den Kontakt zu Charles Anderson Dana, einem der profiliertesten Mitarbeiter der Zeitung, hat er nicht zuletzt Jenny zu verdanken; sie hatte Dana im Deutschland der 48er-Revolution kennengelernt und offenbar großen Eindruck auf ihn gemacht. Bis Marx des Englischen mächtig ist, hilft Engels bei der Übersetzung; er springt auch immer wieder als Ghostwriter ein, wenn Marx' Lebensumstände oder seine sonstige Arbeitsbelastung ihn verhindern. In den besten Zeiten kann er zwei Artikel pro Woche absetzen, die mit jeweils zwei Pfund honoriert werden. Allein diese Leistung zeugt von seiner enormen publizistischen Produktivität in den 1850er-Jahren, zumal die Artikel meist recht umfangreich sind und in der Regel aufwendig recherchiert. Viele von ihnen sind Glanzstücke des politischen Journalismus. Und doch: Die journalistische Brotarbeit, die Lohnschreiberei, hält ihn von seiner eigentlichen Aufgabe ab, dem Studium der politischen Ökonomie. Das muss er oft in die Nachtstunden verlegen, bei Kerzenlicht oder einer flackernden Ölfunzel. Schmerzhafte Augenentzündungen sind nicht die einzige böse Folge dieser rücksichtslosen Selbstausbeutung. Trotz aller Anstrengungen führen seine wissenschaftlichen Studien bei Weitem nicht so schnell zu vorzeigbaren Ergebnissen, wie er selbst und seine Freunde es gehofft haben. Marx ist – die paradoxe Formulierung sei erlaubt – ein unverbesserlicher Perfektionist, der erst dann mit großen Schriften an die Öffentlichkeit geht, wenn er sich seiner Sache sicher ist. Jenny sieht darin eher eine Schwäche, die seiner wissenschaftlichen Produktivität abträglich ist. Auch die von ihrem Gatten oft an den Tag gelegte polemische Schärfe und argumentative Strenge goutiert sie nicht vorbehaltlos. Schon 1844 gibt sie ihm gute Ratschläge: »Schreib nur nicht zu gallicht und gereizt. Du weißt, wieviel mehr Deine andern Aufsätze gewirkt haben. Schreib entweder sachlich und fein oder humoristisch und leicht. Bitte, lieb Herz, laß die Feder mal übers Papier laufen, und wenn sie auch mal stürzen und stolpern sollte und ein Satz mit ihr – Deine Gedanken stehn ja doch da wie Grenadiere der alten Garde, so ehrenfest und tapfer, und können auch, wie sie sagen, elle meurt, mais elle ne se rend pas. Was tut's, wenn die Uniform mal lose hängt und nicht so prall geschnürt ist. Wie ist es doch so hübsch am französischen Soldaten, das lose, leichte Äußere. Denk Dir da unsre gedrechselten Preußen. Schaudert Dir es nicht? – Laß mal das Riemenzeug los, und lüfte die Krawatte und den Tschako – laß die Partizipien laufen und stell die Wörter, wie sie es selber wollen. So ein Kriegsvolk muß nicht so regelrecht marschieren. Und Deine Truppen ziehn doch ins Feld? Glück auf dem Feldherrn, meinem schwarzen Herrn. ...

Leb wohl! Dein *Schipp und Schribb*«

Doch alles gute Zureden hilft nicht. Statt sich die entspannte Art seines Freundes Engels zum Vorbild zu nehmen, bleibt Marx seinem Hang zum Perfektionismus treu. Er erlaubt es sich nicht, Fünfe gerade sein zu lassen und größere Texte auch einmal in einem (aus seiner Sicht) »unfertigen«, unausgereiften Zustand herauszurücken. Und Schuldgefühle plagen ihn, wenn er infolge seiner skrupulösen Arbeitsweise von ihm selbst oder anderen gesetzte Fristen nicht einhalten kann. Arbeitsumfang wie Arbeitsweise zeitigen schon bald unangenehme Folgen, unterminieren seine im Grunde robuste Gesundheit. Im Laufe der Jahre werden seine Krankheiten immer zahlreicher und gravierender: schwere Leberattacken, schmerzhafte Hautgeschwüre, Bronchitis, Brechdurchfälle, heftigste Kopfschmerzen, chronische Schlaflosigkeit. Marx ist sich darüber im Klaren, dass viele seiner Leiden letztlich »aus dem Kopf« kommen.

Aufgrund seiner schwer entzifferbaren Schrift war Marx darauf angewiesen, dass ihm jemand zur Hand ging und seine Texte ins Reine übertrug. Zeitweise half ihm Wilhelm Pieper, ein zwielichtiger und nicht immer zuverlässiger Philologe, den er aus politischen Zusammenhängen kannte. Wohl etwa ab Sommer 1851 wuchs Jenny immer mehr in die Rolle der Mitarbeiterin ihres Mannes hinein. Sie fungierte quasi offiziell als Sekretärin, unterschrieb »geschäftliche« Briefe mitunter ein wenig selbstironisch mit »Viele Grüße vom Sekretär, der Ehefrau Marx« oder verwendete die Grußformel »mit hoher obrigkeitlicher Erlaubnis«. Für Jenny ist diese zusätzliche und überaus anspruchsvolle Arbeit keineswegs nur Last: »... die Erinnerung an die Tage, an denen ich in Karls kleinem Stübchen saß, seine kritzligen Aufsätze kopierte, gehört zu den glücklichsten meines Lebens.« Gegen Ende ihrer Sekretärinnenlaufbahn witzelt sie in einem Brief an Engels, Weihnachten 1859: »Ich glaube, meine Töchter werden mich bald außer Dienst setzen, und ich werde dann in die Liste der ›Versorgungsberechtigten‹ kommen. Schade, daß keine Aussichten auf Pension da sind für meine langjährigen Sekretariatsdienste.«

Tatsächlich war Jenny in jenen Jahren weit mehr als eine bloße Sekretärin: Sie diskutiert mit ihrem Mann über seine Schriften, erteilt Rat in politischen Fragen, erledigt Teile seiner Korrespondenz, führt Verhandlungen, empfängt in Marx' Abwesenheit Besucher, nimmt an Versammlungen teil, erstattet schriftlich Bericht, hält sich politisch auf dem Laufenden, bildet sich weiter.

Inmitten des beengten häuslichen Lebens und Treibens, umringt von spielenden Kindern, die wie Kletten an ihm hängen, und unterstützt von Jenny, schreibt Marx eines seiner fulminantesten Werke, *Der achtzehnte Brumaire des Louis Bonaparte,* eine Abrechnung mit dem Pariser Staatsstreich

Louis Napoleons im Dezember 1851. Adressat des Textes ist die New Yorker Zeitschrift *Die Revolution* seines inzwischen emigrierten Freundes Joseph Weydemeyer. »Im März hatte ich das Manuskript abgeschrieben«, erinnert sich Jenny, »und es wurde abgeschickt, erschien aber erst viel später im Druck und brachte weniger als nichts ein.«

Für Jenny sind solche Schläge nicht nur wegen der mit ihnen einhergehenden finanziellen Einbußen schwer zu verkraften. Sie ist von den außerordentlichen Fähigkeiten ihres Mannes überzeugt und leidet darunter, dass er sich unter Wert verkaufen muss. Kein kommerzieller Erfolg – keine politische Wirkung. Zu Marx' Lebzeiten haben seine eigenständigen Publikationen nicht einmal einen kleinen Bruchteil der Auflagen erzielt, die sie nach seinem Tod erreichten. Mit dem, was er dachte und schrieb, war er seiner Zeit voraus. Und wer zu früh kommt, den bestraft das Leben.

Ob damals in Soho, wo die Familie insgesamt sechs Jahre ausharrt, oder später in den weit besseren Wohnungen in Maitland Park – das marxsche Haus ist nicht nur der Lebensmittelpunkt der Familie, es ist oft auch eine Art politisches Hauptquartier. Und immer ist Jenny mittendrin und vorn dabei.

So zum Beispiel, als Marx 1852 eine Kampagne für alte Kampfgefährten organisiert, die im Kölner Kommunistenprozess zu hohen Haftstrafen verurteilt werden. »Bei uns ist jetzt ein ganzes Büro etabliert«, berichtet Jenny an Adolf Cluß nach Washington. »Zwei, drei Schreiber, andre laufen, die andern schrappen die Pennies zusammen, damit die Schreiber fortexistieren und Beweise des unerhörtesten Skandals gegen die alte offizielle Welt beibringen können. Dazwischen singen und pfeifen meine 3 fidelen Kinder und werden oft hart angerannt von ihrem Herrn Papa. Das ist ein Treiben.«

Ähnlich wird es sein, wenn Marx ab 1864 an der Spitze der Internationalen Arbeiter-Assoziation (IAA) steht und sich ein immenses zusätzliches Arbeitspensum auferlegt. Und ebenso nach der blutigen Niederschlagung der Pariser Kommune 1871; da wird sich abermals ein großer Flüchtlingsstrom nach London ergießen, und überall muss Hilfe geleistet werden.

Nachdem Marx bei der New Yorker *Tribune* untergekommen ist, bessert sich die Lage der Familie ein wenig. Die regelmäßigen Einnahmen setzen sie instand, sich »aus den alten Schulden etwas herauszureißen und ein sorgloseres Leben zu führen«, wie Jenny schreibt. Das Jahr 1853 verläuft vergleichsweise freundlich. Die infolge der ungesunden, ärmlichen Lebensverhältnisse oft kranken oder unter Mangelerscheinungen leidenden Kinder sind während des Sommers viel im Freien, tummeln sich in den großen Parks, es gibt Kirschen, Erdbeeren und sogar Trauben. Und am Ende des Jahres kann Jenny den Kindern erstmals in ihrer Londoner Zeit ein heiteres Weihnachtsfest ausrichten. »… unsre Freunde brachten dem lieben Kleeblatt allerlei hübsche Geschenke. Da gab's Puppen und Flinten und Küchengerät und Trommeln und Trompeten, und Dronke kam noch spät am Abend, um das Weihnachtsbäumchen zu schmücken. Es war ein so glücklicher Abend.«

Welchen Rang dieses Fest im entbehrungsreichen Leben der Kinder damals hatte und auch weiterhin behielt, zeigt ein viele Jahre später geschriebener Brief der Tochter Jenny an ihre Schwester Laura. Noch immer erinnern sich die beiden längst erwachsenen Frauen mit leuchtenden Augen an diesen denkwürdigen Abend: »Ich sehe, als wäre es heute gewesen, wie Du, Edgar und ich voller Ungeduld auf den Klang des Glöckleins lauschten, welches uns in das Zimmer rufen sollte, wo der Tannenbaum stand. Als dann endlich der lang ersehnte Laut erklang, erschreckte er uns fast, weil wir schon eine ganze Woche nicht mehr in dem geheimnisvollen Wohnzimmer gewesen waren. Ihr bliebt schüchtern zurück, während ich möglichst ungestüm vorstürzte, nur um die eigene Verlegenheit zu verbergen. Wie wunderbar schien uns das Wohnzimmer, wie elegant und neu nahmen sich darin die alten verstaubten Möbel ... aus!«

Das Glück der Familie sollte nicht lange währen. Eine Woche nach dem Weihnachtsfest entdeckt Jenny bei ihrem kleinen Edgar erste Spuren einer Krankheit, die in den kommenden Monaten einen unheilvollen Verlauf nehmen sollte. Das dunkelste Kapitel ihres Lebens beginnt.

Die toten Kinder

In einer ärmlichen Wohnung in der Anderson Street, Stadtteil Chelsea, brachte Jenny am 5. November 1849 ihr viertes Kind zur Welt, Heinrich Guido. Nach dem in Brüssel geborenen Edgar war es der zweite Junge. Bei der bisherigen Namensgebung hatte man sich von Jennys Familie inspirieren lassen: Die erstgeborene Tochter wurde bekanntlich nach ihrer Mutter benannt, die zweite Tochter, Laura, nach der früh verstorbenen Schwester Jennys, und Edgar schließlich nach ihrem Lieblingsbruder. Jetzt war offenbar die marxsche Seite an der Reihe. Für den ersten Vornamen jedenfalls, Heinrich, stand Vater Marx Pate. Aber Guido? Dieser Name scheint offenbar eine spontane Eingebung gewesen zu sein, dem symbolträchtigen Geburtstermin geschuldet. Am 5. November wird in England traditionell der Guy-Fawkes-Day zelebriert, mit großen Umzügen und viel Feuerwerk. Die Feierlichkeiten erinnern an Guy Fawkes (1570–1606), der ein mutiger, vielfach ausgezeichneter Soldat, aber auch ein überzeugter Katholik war. Um die Unterdrückung und Verfolgung seiner Kirche ein für alle Mal zu beenden, fasste er mit einigen Gleichgesinnten einen verwegenen Plan. Er mietete einen Lagerraum direkt unter dem englischen Parlament und füllte ihn mit drei Dutzend Fässern Schwarzpulver, insgesamt über zwei Tonnen. Das sollte nach seiner und seiner Mitverschwörer Überzeugung genügen, um am Tag der anstehenden Parlamentseröffnung, dem 5. November 1605, König Jakob I. samt Familie, alle Parlamentsmitglieder, alle Bischöfe des Landes und den Großteil des Hochadels in die Luft zu jagen. Der Anschlagsplan wurde freilich aufgedeckt und Guy Fawkes im darauffolgenden Jahr hingerichtet. Eigentlich hieß der ungestüme Fawkes mit Vornamen nicht Guy, sondern Guido – womit der zweite Vorname des vierten Marx-Sprösslings erklärt wäre. Und wie jedes Mitglied der Marx-Familie einen oder mehrere Spitznamen trug, so auch Heinrich Guido. In Anlehnung an Fawkes rief man ihn »Föxchen«.

Erwartungsvoll und lustig, so beginnt das Leben des kleinen Jungen – und Jenny erinnert sich: »… während draußen die Volksstimmen mit dem Ruf ›Guy Fawkes for ever‹ ertönten und kleine Jungen barock maskiert auf künstlich fabrizierten Eseln in den Straßen auf und ab zogen, während des Getöses ward mein armer kleiner Heinrich geboren.« Der kleine Heinrich, das ist jenes Kind, von dem Jenny einige Monate später in ihrem schon zitierten, traurigen Brief an Joseph Weydemeyer berichtet, dass es ständig zwischen Tod und elendem Leben schwanke.

Föxchen schafft es nicht. Am 19. November 1850, nur ein gutes Jahr nach seiner Geburt, ist er tot. Karl Marx an Friedrich Engels: »Ich schreibe Dir nur zwei Zeilen. Heute morgen um zehn Uhr ist unser kleiner Pulververschwörer Föxchen *gestorben*. Plötzlich, durch einen der Krämpfe, die er oft gehabt hatte. Einige Minuten vorher lachte und schäkerte er noch. Die Sache kam ganz unverhofft. Du kannst Dir denken, wie es hier aussieht. Durch Deine Abwesenheit sind wir grade in diesem Moment sehr vereinsamt. …

Wenn Du gerade in der Stimmung bist, schreib einige Zeilen an meine Frau. Sie ist ganz außer sich.«

»Mein Schmerz war so groß«, erinnert sich Jenny noch viele Jahre danach. »Es war das erste Kind, das ich verlor. Ach, ich ahnte damals nicht, welch andres Leid mir bevorstand, vor dem alles, alles in nichts versank.«

Als Heinrich Guido starb, war Jenny bereits wieder schwanger. Im März 1851 brachte sie ein weiteres Töchterchen, Franziska, zur Welt. Hatte sie schon Föxchen nur mit größter Mühe und unter Schmerzen stillen können, so nahm sie diesmal eine Amme – ein riskantes Unterfangen, wie sie aus Erfahrung weiß, in London noch weit mehr als damals in Trier. Trotz aller Mühen gelingt es abermals nicht, das Kind durchzubringen. An Ostern 1852 erkrankt Franziska an einer schweren Bronchitis. »3 Tage rang das arme Kind mit dem Tode. Es litt so viel. Sein kleiner entseelter Körper ruhte in dem kleinen hintern Stübchen; wir alle wanderten zusammen in das vordere, und wenn die Nacht heranrückte, betteten wir uns auf die Erde, und da lagen die 3 lebenden Kinder mit uns, und wir weinten um den kleinen Engel, der kalt und erblichen neben uns ruhte.«

Franziskas Tod fiel in die Zeit der größten Armut der Marx'. Auch viele Freunde waren damals außerstande, zu helfen. »Da lief ich in der Angst meines Herzens zu einem französischen Flüchtling, der in der Nähe wohnte und uns besucht hatte. Ich bat ihn um Hilfe in der schrecklichen Not. Er gab mir gleich mit der freundlichsten Teilnahme 2 £, und mit ihnen wurde der kleine Sarg bezahlt, in dem mein armes Kind nun jetzt in Frieden schlummert. Es hatte keine Wiege, als es zur Welt kam, und auch die letzte kleine Behausung war ihm lange versagt. Wie war es uns, als es hinausgetragen wurde zu seiner letzten Ruhestätte!«

Zu all ihrem übrigen Elend muss also die Familie in der kurzen Zeit von eineinhalb Jahren den frühen Tod der beiden in London geborenen Kinder hinnehmen. Diese Verluste sind für die Mutter, nicht weniger für den kindervernarrten Vater, entsetzliche Schläge. Zumal hier offenkundig kein unabwendbares Schicksal wirkte. Unter besseren Lebensbedingungen hätten die Kinder sicherlich durchgebracht werden können. Doch es kommt noch schlimmer. Die eigentliche Katastrophe – sie steht den Eltern erst bevor.

Im März 1855 wird Edgar – Spitzname »Musch« – schwer krank. Er ist schon in seinem neunten Lebensjahr. Über Wochen schickt Marx Bulletins an Engels, die zwischen Hoffnung und Verzweiflung pendeln. Er hatte eigentlich geplant, ihn in Manchester alsbald zu besuchen, muss seine Reise wegen Muschs Erkrankung jedoch aufschieben. Am 8. März schreibt er: »Ich kann von hier nicht fort, bis Colonel Musch sichtbar hergestellt. Indes hat er diese Woche rasche Schritte zur Rekonvaleszenz gemacht, der Doktor war heute exceedingly pleased und nächste Woche ist vielleicht alles all right. Sobald ich mit gutem Gewissen fort kann, schreibe ich Dir. Ich denke, nächste Woche.«

Es kommt anders. Am 30. März teilt Marx seinem Freund mit, dass die Krankheit den in seiner Familie erblichen Charakter einer Unterleibsauszehrung angenommen habe. »Meine Frau war seit einer Woche so krank wie nie zuvor von geistiger Erregung. Mir selbst blutet das Herz und brennt der Kopf, obgleich ich natürlich Haltung behaupten muß.«

Am frühen Morgen des 6. April stirbt Musch in den Armen seines Vaters.

Liebknecht ist überzeugt, dass auch er ein Opfer der Verhältnisse geworden ist. Wäre ihm ruhige und nachhaltige Pflege zuteilgeworden, ein Aufenthalt auf dem Land oder an der See, hätte er vielleicht gerettet werden können. So aber »war es trotz zärtlichster Elternliebe und Muttersorge doch nicht möglich, das zarte Pflänzlein für den Kampf ums Dasein genügend zu kräftigen«. Unmittelbar nach Muschs Tod hat Liebknecht der verzweifelten Familie beigestanden: »... ich vergesse die Szene nicht: die Mutter stumm weinend über das tote Kind gebeugt, Lenchen schluchzend daneben stehend, Marx in erschrecklicher Aufregung, jeden Zuspruch heftig, fast zornig zurückweisend, die beiden Mädchen leise weinend sich an die Mutter schmiegend, die in ihrem Schmerz sie krampfhaft umfaßte, als wolle sie sich an sie klammern, sie gegen den Tod verteidigen, der ihr den Knaben geraubt.«

Vier Monate nach Muschs Tod, im August 1855, schreibt Jenny an Wilhelm von Florencourt, Schwager ihres Halbbruders Ferdinand, mit dem sie seinerzeit in einer Erbschaftsangelegenheit korrespondierte. Es ist erstaunlich, dass sie diesem Mann gegenüber, der ihr stets sehr förmlich begegnet, in so rückhaltloser Weise ihr Herz ausschüttete. Vielleicht tut sie es in der Annahme, Florencourt würde ihrem Bruder den Brief zeigen? Jedenfalls kommt sie in ihm neben geschäftlichen Dingen auch auf Privates und schließlich auf den Tod ihres Sohnes zu sprechen. Es ist das wohl erschütterndste Dokument, das Jenny Marx hinterlassen hat – zugleich ist es der Schlüssel, um diese Frau und ihr weiteres Leben zu verstehen.

Der Tod des kleinen Musch, schreibt sie, »war der schmerzlichste Tag meines ganzen Lebens, und ich glaube wohl, daß es nicht arm an trüben Stunden war. Aber wenn ich alle Schmerzen, alle Leiden meines Daseins, die ganze Summe zusammenfasse, so erreicht sie nicht das unaussprechliche Weh, das ich empfand, als ich zuerst ahnte, *welch eine Krankheit* mein liebes Kind befallen hatte. Es war ein liebes, gutes Engelsgemüt. Er war mein Herzensliebling, so wie er der Liebling eines jeden war, der ihm einmal in sein schönes, sonniges Antlitz geschaut hatte. Er war die ganze Freude, der ganze Stolz, die ganze Hoffnung meines lieben Karls, an dem das Kind mit besonderer inniger Zärtlichkeit hing, so daß er in seiner Krankheit immer bat, sein Charley, wie er Karle stets scherzhaft nannte, möge immer bei ihm sein, ihn tragen und heben und seine Hände auf seinen Kopf legen. Und wirklich hatte Karl auch die Kraft, während den 6 bangen Wochen ihn nicht zu verlassen und Tag und *Nacht* bei ihm zu sein. Lenchen stand treulich zur Seite. Ich selbst war zu angegriffen, um den schwereren Teil der Pflege zu teilen, auch oft meines Schmerzes nicht mächtig genug, so daß ich meine Tränen nicht stets zu unterdrücken vermochte. Er sagte darauf zu Jennychen, seiner kleinen Vertrauten: ›Wenn das Möhmchen ans Bett kommt, deck immer meine Hände zu, daß sie nicht sieht, wie mager sie sind.‹ Selbst die schrecklichste aller Krankheiten vermochte nicht, diese rührende Herzensgüte, diese Zufriedenheit, diese strahlende Heiterkeit des Geistes zu brechen und zu trüben. Dankbar für jeden noch so kleinen Liebesdienst, freundlich und heiter lächelnd – so blieb er bis zu seiner Verklärung. Ach, wir hatten ihn alle so lieb, so lieb!

Unsre kleinen Mädchen sahen nach dem Tode des Brüderchens so blaß und elend und abgezehrt aus, daß ihr Anblick jeden erschütterte. Alle ihre lieblichen kleinen Spiele hatten aufgehört, ihre Gesänge waren verstummt. Es fehlte der 3te in ihrem Bunde, es fehlte ihr treuer, unzertrennlicher Kamerad, er fehlte mit seiner Heiterkeit, seinen Witzen und Scherzen, er fehlte mit seiner schönen klangvollen Stimme, mit der er schottische und irische Volkslieder sang. … Er hatte sie abgelauscht von armen Bettelkindern, denen er sein Wochengeld gab und die hier die Lieder auf den Straßen singen.«

Als Karl Marx wenige Stunden nach Muschs Tod seinem Freund Engels die traurige Nachricht mitteilt, kann und will er offenbar über seine eigenen Gefühle nicht sprechen. Er dankt Engels für seine Hilfe (»Ich werde nie vergessen, wie Deine Freundschaft diese schreckliche Zeit uns erleichtert hat«), und er sorgt sich um Jenny. Er kündigt Engels an, dass er sie wahrscheinlich auf seinem Manchester-Besuch mitnehmen werde; jedenfalls müsse er unbedingt ein Mittel finden, um sie über die ersten Tage wegzubringen. Wieder einmal scheint er »Haltung behaupten« zu wollen und seiner Gefühle besser als Jenny Herr zu sein. Seine eigene emotionale Verfassung bringt er Engels gegenüber auf die knappste mögliche Formel: »Meinen Schmerz um das Kind begreifst Du.«

Wie es tatsächlich in ihm aussieht, wird beim Begräbnis offenbar. Wieder ist Liebknecht Augenzeuge. »Leßner, Pfänder, Lochner, Conrad Schramm, der rote Wolff und ich fuhren mit – ich in dem Wagen mit Marx –, er saß stumm da, den Kopf in die Hände gestützt. Ich streichelte ihm die Stirn: Mohr, du hast ja deine Frau, die Mädchen und uns – und wir alle haben dich so lieb! ›Ihr könnt mir den Jungen nicht wiedergeben!‹ stöhnte er – und stumm fuhren wir weiter zum Kirchhof in Tottenham Court Road. Als der Sarg … in das Grab gesenkt werden sollte, war Marx so aufgeregt, daß ich mich neben ihn stellte, weil ich fürchtete, er werde dem Sarg nach ins Grab springen.«

Erst sechs Tage nach Muschs Tod schreibt Marx einen Brief an Engels, der tiefere Einblicke in sein Seelenleben zulässt.

»Lieber Engels,

… Das Haus ist natürlich ganz verödet und verwaist seit dem Tode des teuren Kindes, das seine belebende Seele war. Es ist unbeschreiblich, wie das Kind uns überall fehlt. Ich habe schon allerlei Pech durchgemacht, aber erst jetzt weiß ich, was ein wirkliches Unglück ist. Ich fühle mich broken down. Zum Glück hatte ich am Begräbnistag so tolle Kopfschmerzen, daß Denken und Hören und Sehn mir vergangen ist.

Unter all den furchtbaren Qualen, die ich in diesen Tagen durchgemacht habe, hat mich immer der Gedanke an Dich und Deine Freundschaft aufrecht gehalten und die Hoffnung, daß wir noch etwas Vernünftiges in der Welt zusammen zu tun haben.

Dein *K.M.*

Meine Frau bringt eben ein paar Zeilen an Dich, die ich beilege.«

Sein merkwürdiger Hinweis, dass die heftige, sicherlich durch Muschs Tod ausgelöste Migräne ihm geholfen habe, den seelischen Schmerz zu übertönen, ist eine Erfahrung, die Marx in seinem Leben öfter gemacht hat. Er spricht sie bezeichnenderweise nochmals am 7. Dezember 1881, wenige Tage nach Jennys Tod, an, in einem Brief an seine gleichnamige Tochter, die damals schon mit ihrer Familie in Argenteuil bei Paris lebte. Jetzt formuliert er seine Erfahrung gleichsam als Lebensregel, die seinem sarkastischen Humor zu entspringen scheint, aber einen tiefernsten Hintergrund hat: »Gegen Gemütsleiden gibt es nur ein wirksames Antidot, und das ist körperlicher Schmerz. Setze den Weltuntergang auf die eine Seite und einen Mann mit akuten Zahnschmerzen auf die andre!«

Drei tote Kinder in etwas mehr als vier Jahren – können Jenny und Karl Marx diese Verluste jemals verwinden? 1863, als der Tod Muschs bereits acht Jahre zurückliegt und die Familie dem Elendsquartier in der Dean Street längst entkommen ist, schreibt Marx an Engels: »Ich weiß an mir selbst, wie die Gegend von Soho Square noch immer mich erschreckt, wenn ich sie zufällig berühre.« Wie sehr Jenny insbesondere in den ersten Monaten nach Edgars Tod gelitten haben muss, veranschaulicht ein Kondolenzbrief Karls an Amalie Daniels zum Tod ihres Mannes Roland. »In meiner Frau hat die Nachricht von diesem neuen Verluste die Erinnerung an den Tod unsres einzigen Söhnchens wieder so lebendig wachgerufen, daß ihr Gemütszustand ihr nicht erlaubt, in diesem Augenblick Ihnen zu schreiben. Sie weint und jammert wie ein Kind.«

Nicht nur der *Tod* eines Menschen, selbst eines erwachsenen, reißt bei Jenny Wunden auf, auch die *Geburt* tut es. Fünfzehn Monate nach Muschs Tod, im Juli 1856, schreibt sie ihrer Freundin Ernestine Liebknecht, sie habe gehört, wie prächtig deren Baby herangewachsen und gediehen sei – um dann anzufügen: »Ich freue mich herzlich darüber, da ich weiß wie groß das Glück der Mutter ist, wenn sie auf den heranblühenden Knaben schaut. Und dennoch kommt nie der Freude über den Besitz eines geliebten Kindes der Schmerz gleich, den der Verlust uns macht. Ich kann und kann wenigstens nicht Herr darüber werden, und je länger die Zeit wird, daß ich das liebe Kind misse, desto mehr und schmerzlicher gedenke ich seiner.«

Wiederum anderthalb Jahre später korrespondiert sie mit dem alten Freund Conrad Schramm, der nach Amerika ausgewandert ist. Sie berichtet ihm, dass durch die gerade eingetretene große amerikanische Wirtschaftskrise Karl Marx für die *Tribune* nur noch einen statt zwei Artikel pro Woche schreiben könne – mit entsprechenden finanziellen Einbußen; trotz alledem habe ihn die Krise, die ja seine ökonomischen Theorien glänzend bestätige, geradezu euphorisiert und ihm neuen Schwung für die Arbeit am *Kapital* gegeben: »Seine ganze frühere Arbeitsfähigkeit und Leichtigkeit ist wiedergekehrt sowie auch die Frische und Heiterkeit des Geistes, die seit Jahren gebrochen war, seit dem großen Leiden, dem Verlust unseres lieben Herzenskindes, um das mein Herz ewig trauern wird.«

Im Februar 1859 erzählt sie Louise von Westphalen, Ferdinands Frau, mit der sie trotz aller früheren und sicherlich weiterhin bestehenden Animositäten in freundlichem Kontakt bleibt, detailliert und farbig von den familiären Begebenheiten der vergangenen Monate, so einem gemeinsamen Erholungsurlaub von Mutter und Töchtern im Seebad Ramsgate.

Schließlich kommt sie auf das Weihnachtsfest des Jahres 1858 zu sprechen – für die Kinder ein freudiges Ereignis, für sie selbst weniger. »Für mich ist jetzt diese sonst so heitre Zeit mit den wehmütigsten Empfindungen vermischt, und nie gedenke ich der vielen teuren Verklärten mit tieferem Schmerz als in den Tagen, die der Erinnrung so besonders reichen Stoff geben; wo ich von all unsern lieben süßen Kindern nur noch ein so kleines Häufchen um mich sehe. Ach, wie oft sucht da mein Auge den Herzensliebling vergebens. ...«

Noch ein Brief sei angeführt. Er stammt aus Jennys letzten Jahren, geschrieben im August 1877. Adressat ist Friedrich Adolph Sorge, ein alter Freund und Genosse, den es nach Hoboken bei New York verschlagen hat. Auch in seiner Familie hat der Tod Ernte gehalten. 1873 verlor Sorge seine Tochter, 1874 seinen jüngsten Sohn. Jenny braucht lange, sehr lange, bis sie ihm schreiben kann.

»Mein teurer Freund!

... Seien Sie überzeugt, daß ich nicht verstummte aus Mangel an Teilnahme, ich schrieb nicht, weil mir förmlich der Atem ausging bei der Trauerkunde und ich an den großen Schmerz nicht herantreten wollte mit all den Gemeinplätzen der Teilnahme und der tröstenden Zusprache. Ich weiß nur zu gut, wie schwer es wird und wie lange es dauert, ehe man nach solchen Verlusten sein eignes Gleichgewicht wiederfindet; da kommt dann das Leben mit seinen kleinen Freuden und seinen großen Sorgen, mit all seinen kleinen tagtäglichen Plackereien und kleinlichen Quälereien zu unsrer Hilfe, und der größere Schmerz wird vom stündlichen kleinen Leid übertäubt und, ohne daß wir's merken, mildert sich das heftige

Weh; nicht daß die Wunde jemals ausheilte, namentlich nicht im Mutterherzen, aber nach und nach erwacht wieder im Gemüt neue Empfänglichkeit und selbst neue Empfindlichkeit für neues Leid und neue Freude, und so lebt man weiter und weiter mit dem wunden und doch stets hoffenden Herzen, bis es zuletzt ganz stillesteht und ewiger Friede da ist.«

Jenny und Karl Marx gehen mit dem Leid offenbar unterschiedlich um. Wirklich überwunden haben sie es beide nicht.

Und die Töchter Jenny und Laura? Als Föxchen starb, war Jenny schon sechs Jahre alt, beim Tod von Musch stand sie kurz vor ihrem elften Geburtstag; Laura war jeweils ein Jahr jünger. Was bedeutete der Tod ihrer drei Geschwister für sie? Man kann nur spekulieren. Durch die Verluste und verbunden mit dem materiellen Elend, unter dem sie litten, sind die beiden Mädchen in den folgenden Jahren vermutlich früher reif und erwachsen geworden als gleichaltrige, wohlbehütete Bürgertöchter. Einen gewissen Trost fanden sie darin, dass drei Monate vor Muschs Tod ihre kleine Schwester Eleanor geboren wurde. Zu ihr entwickelten sie nach dem Tod des Brüderchens« wie Jenny schreibt, »eine rührende Liebe«. »Es ist, als ob sie all die Liebe, die sie für ihren lieben Bruder hegten, auf das kleine Ding übertragen hätten, das auch wie ein kleiner godsend bei uns erschien, als wir alle in Jammer und Schmerz versenkt waren und unser Haus die Stätte der Verödung und des Leidens war.«

Der Tod Edgars ist im Leben Jennys wie auch dem ihres Mannes ein fundamentaler Einschnitt gewesen. Er bedeutete aber noch lange nicht das Ende ihrer Leiden. Im Juli 1857 bekommt Jenny ein weiteres Kind, ihr siebtes. Es stirbt unmittelbar nach der Geburt, bleibt namenlos. Da ist sie 43. In einem Brief an Louise von Westphalen berichtet sie über dieses traurige Ereignis lediglich in einem einzigen, eher sachlich und neutral gehaltenen Satz, um dann hinzuzufügen: »... so ward wieder eine stille Hoffnung des Herzens zu Grabe getragen, uns von neuem den alten Schmerz und die alte Sehnsucht nach den geliebten Dahingeschiedenen wachrufend.«

Ist damit alles gesagt? Vieles spricht dafür, dass diese Geburt für Jenny so traumatisch gewesen ist, dass sie darüber nicht sprechen konnte oder wollte. Was wirklich vorgefallen ist, weiß man nicht. Marx gibt in zwei Briefen an Engels, die in einer für ihn ganz ungewöhnlichen Diktion verfasst sind, lediglich einige Hinweise, die allerdings Schlimmstes vermuten lassen.

»Lieber Frederic,

Meine Frau ist endlich niedergekommen. Das child jedoch nicht lebensfähig, starb gleich. Dies an und für sich kein Unglück. Jedoch teils Umstände unmittelbar damit verbunden, die furchtbaren Eindruck auf meine Phantasie gemacht; teils die Umstände, die dieses Resultat herbeiführten, so beschaffen, daß die Rückerinnerung qualvoll. Brieflich nicht tubar, auf solche Materie einzugehn.« Eine Woche später fügt er an: »Die Umstände, die die Entbindung meiner Frau begleiteten und die mich unnerved for some days, kann ich nur mündlich mitteilen. Ich kann diese Dinge nicht schreiben.«

Der Umstand, dass Jenny und Karl Marx vier ihrer sieben Kinder früh verloren haben, wird oft nur völlig unzureichend gewürdigt. Es ist erstaunlich, wie wenig Beachtung einige Biografen solch fundamentalen Erschütterungen schenken, wie gering sie offenbar deren Bedeutung für das Leben der Eltern bewerten. Zuweilen wähnt man sich geradezu in einer empathiefreien Zone. So findet man zuweilen immer noch die Behauptung, es seien »nur« drei Kinder gewesen; das letzte, 1857 verstorbene, wird nicht mitgezählt. Oder man liest, dass es ja im Grunde gar nicht die Lebensbedingungen in Soho gewesen seien, die den Tod der Kinder bewirkt haben, sondern Fehler und Versäumnisse der Eltern. Insbesondere den Vater treffe eine Mitschuld, weil er sich stets zu schade gewesen sei, eine Erwerbsarbeit aufzunehmen, mit der er seine Familie hätte durchbringen können. Ein übler Vorwurf! Man muss zunächst daran erinnern, dass zwei Kinder, Heinrich Guido und Franziska, zu einem sehr frühen Zeitpunkt in die gesundheitliche Krise geraten und verstorben sind; bis dahin hatte Marx noch kaum Gelegenheit gehabt, sein Leben und das seiner Familie irgendwie zu stabilisieren. Der kleine Edgar wiederum starb zu einem Zeitpunkt, da sich Marx als Korrespondent der New Yorker *Tribune* bereits eine relativ konstante Einnahmequelle verschafft hatte, allerdings noch an das Elendsquartier in Soho gekettet blieb. Auch zeugt die Anschuldigung von wenig Realitätssinn. Denn weder nach der Revolution von 1848/49 noch auch später, nach dem Ende der Pariser Kommune, war es für die zahlreichen in London angespülten Flüchtlinge leicht, Aus- und Einkommen zu finden. Viele sind gescheitert oder weitergezogen in die nächste Exilstation, oft Amerika. Zudem hatten Exilanten, die über eine solide handwerkliche

Ausbildung verfügten, bessere Chancen als ein der Landessprache anfänglich nur unzureichend kundiger Intellektueller wie Marx. Er hätte sich ja, heißt es da, wie sein Freund Liebknecht durch »Stundengeben« über Wasser halten können. Merkwürdig nur: Liebknecht, das vermeintliche Vorbild, hat stets beteuert, dass er ohne die Hilfe der Familie Marx in London zugrunde gegangen wäre. Nein, es führt kein Weg an der Einsicht vorbei, dass die familiären Katastrophen nicht das Resultat individuellen Versagens waren, sondern den Verhältnissen geschuldet.

Auf die innerfamiliären Beziehungen dürften die Todesfälle ambivalent gewirkt haben: Einerseits haben sie vermutlich das Zusammengehörigkeitsgefühl gestärkt, die Bindung zwischen Eltern und Kindern, die Bindung zwischen Jenny und Karl gefestigt; doch zugleich haben sie die wechselseitige Liebe, das Lebens- und Familienglück belastet und gefährdet, ohne dass jemand imstande gewesen wäre, daran etwas zu ändern. Der Tod der Kinder, die unwiederbringlichen Verluste, die zerstörten Hoffnungen haben insbesondere in Jenny eine existenzielle Verunsicherung bewirkt, ihr Leben mit einem dunklen Schleier überzogen. Das gilt in ähnlicher Weise für Karl Marx. In beider Leben hat es fortan möglicherweise keinen Tag mehr gegeben, an dem ihre Gedanken und Erinnerungen nicht wenigstens für Momente bei den toten Kindern gewesen wären; und an manchen trüben Tagen mögen sie nicht einmal eine Stunde von solchen Gedanken frei gewesen sein. Man kann das Leben Jennys, man kann das Leben ihres Mannes, selbst dessen Werk, nicht voll begreifen, wenn man diese Eventualität nicht stets im Blick behält.

Wir haben gesehen, dass schmerzhafte Ereignisse, wie der Tod nahestehender Menschen, auch freudige Ereignisse, wie eine Geburt, Jennys Wunden wieder aufreißen konnten. Die existenzielle Verunsicherung, von der die Rede war, bestand in ihrem Fall darin, dass sie aufgrund ihrer bitteren Erfahrungen sich des Lebens und selbst der glücklichen Stunden, von denen sie in den 1860er- und 70er-Jahren noch viele erlebt hat, nicht mehr ganz unbeschwert und naiv erfreuen konnte. Sie hatte ein gewisses Grundvertrauen ins Leben verloren, die Zuversicht, dass die Dinge am Ende doch eine gute Wendung nehmen würden. Schon als junges Mädchen und Braut war ihre oft überschwängliche Lebensfreude nicht ungetrübt gewesen, war sie von Zukunftsängsten und bösen Ahnungen geplagt worden. Jetzt wurden die Ausschläge ins Depressive heftiger und häufiger, wuchsen sich zeitweise zu einer melancholischen, resignativen Grundstimmung aus.

Oft liest man, dass Jenny in den letzten zehn, fünfzehn Jahren ihres Lebens ihr seelisches Gleichgewicht wiedergefunden habe, ihr Dasein in ruhigeres Fahrwasser geraten sei. Das trifft im Großen und Ganzen zu – doch auch hier ist eine gewichtige Einschränkung zu machen. Zunächst: Als stabilisierender Faktor in ihrem Leben wirkten zweifellos die Enkelkinder, die zu ihrer großen Altersfreude wurden. Adalbert Stifter hat einmal geschrieben: »Wenn schon Mütter ihre Kinder lieben, und sich nach ihnen sehnen, so ist dieses von Großmüttern öfter in noch höherem Grade der Fall: sie verlangen zuweilen mit wahrlich krankhafter Sehnsucht nach ihren Enkeln.« Von solch »krankhafter Sehnsucht« war übrigens auch der Großvater befallen, wie wir aus vielen rührenden Zeugnissen wissen. Beide Elternteile waren ängstlich darauf bedacht und haben alles in ihrer Kraft Stehende dafür getan, ihren drei überlebenden Töchtern ein Schicksal zu ersparen, wie sie es selbst erlitten hatten. Der schöne Vorsatz, dass die Kinder es einmal besser haben sollten, hat wohl selten das ganze Denken und Handeln von Eltern so bestimmt wie im Fall von Jenny und Karl Marx. Und doch schien sich zunächst die Geschichte zu wiederholen, vielmehr: Sie hat sich faktisch wiederholt – auch dies ein Umstand, der sehr oft übersehen wird.

1868 heiratet Tochter Laura den französischen Sozialisten und Mediziner Paul Lafargue; Jenny gibt vier Jahre später ebenfalls einem französischen Sozialisten, Charles Longuet, das Jawort. Aus der Ehe zwischen Laura und Paul Lafargue gehen in kurzer Zeit, zwischen Januar 1869 und September 1870, zwei Jungen und ein Mädchen hervor. Keines der Kinder überlebt. Im Mai 1872 stehen die Eltern wieder allein da. Der verzweifelte Lafargue gibt seinen Arztberuf auf. Auch in diesem Fall haben die »Verhältnisse« – die Flucht der Familie vor Lafargues Häschern nach dem blutigen Ende der Pariser Kommune – entscheidend zum frühen Tod der Nachkommen beigetragen. Tochter Jenny bringt sechs Kinder zur Welt, von denen vier überleben. Zu den beiden früh verstorbenen Kindern gehört auch ihr Erstgeborener, Charles, der nur von September 1873 bis Juli 1874 lebt.

Man muss sich das vor Augen führen: Zwischen 1869 und 1873 konnten sich Jenny und Karl Marx viermal über die Geburt eines Enkels freuen – 1874 lebt von ihnen keiner mehr. Man kann unschwer erahnen, wie den Großeltern angesichts einer solchen Häufung des Unglücks zumute gewesen sein muss. Nur wenige schriftliche Äußerungen sind überliefert, vornehmlich von Marx. Nach dem Tod ihres erst zwei Monate alten Töchterchens schreibt er an Laura und Paul Lafargue: »Ich habe selbst zu sehr unter solchen Verlusten gelitten, um nicht zutiefst mit Euch fühlen zu können. Doch weiß ich auch aus der gleichen persönlichen Erfahrung, daß alle klugen Gemeinplätze und Trostreden, die in solchem Falle geäußert werden, echten Schmerz nur vergrößern, statt ihn zu lindern.« Auch seiner erschöpften Tochter Jenny schreibt Marx, als sie nach dem Tod ihres ersten Kindes im Seebad Ramsgate Erholung sucht. »Liebes Herzenskindchen«, so lautet die Anrede des Briefes, in dem der Vater zunächst viel Belangloses ausführt, offenkundig um Jenny ein wenig von ihren Sorgen abzulenken. Erst am Ende des Briefes kommt er zu seinem eigentlichen Anliegen: »Ich klatsche Dir all dies Zeug vor, weil ich kaum wage von dem zu sprechen, was Dich allein interessiert. Das Haus ist ausgestorben, seit der kleine Engel es nicht mehr belebt. Ich vermisse ihn auf jedem Schritt und Tritt. Mein Herz blutet, wenn ich an ihn denke, und wie kann man sich ein so süßes, tüchtiges Männchen aus dem Kopf schlagen! Doch hoffe ich, mein Kind, daß Du Deinem Alten zulieb tapfer bist.

Adieu, mein teures liebes Schwärzchen

Dein treuer

Old Nick«

Jenny Marx, geborene von Westphalen, ca. 1875. IISG

Das einzige Foto, auf dem Marx und Engels gemeinsam zu sehen sind;
vor ihnen die Marx-Töchter Jenny, Eleanor und Laura, London, 1864.
IISG

Jenny und Karl Marx mit Heinrich Heine in Paris, 1844.
Heine veröffentlichte in diesem Jahr sein satirisches Versepos
Deutschland. Ein Wintermärchen. Zeichnung: N. Shukow. bpk

Die Marx-Töchter Jenny und Laura, ca. 1865 – »hochaufgeschossene, blühende Jungfrauen«, wie ihre Mutter stolz vermerkt. IISG

Charles Longuet, 1871. Der französische Sozialist heiratete 1872 die Marx-Tochter Jenny. Nur aus dieser Linie gibt es bis heute Nachkommen von Karl und Jenny Marx. Foto: E. Appert. IISG

Friedrich Engels

August Bebel

Ferdinand Lassalle

Wilhelm Liebknecht

Eleanor Marx mit Friedrich Engels auf der Maikundgebung 1892 in London. IISG

Marx und Engels in der Druckerei der *Neuen Rheinischen Zeitung*. Gemälde: E. Sapiro. IISG

Die einzige erhalten gebliebene Seite aus Marx' Konzept zum *Manifest der Kommunistischen Partei.* Die beiden obersten Zeilen stammen von Jenny. IISG

Marx und Engels spazieren nachts auf Londons Strassen. Gemälde: M. Džanošvili. IISG

Paul Lafargue, 1871. Er heiratete 1868 die Marx-Tochter Laura, war einer der führenden französischen Sozialisten. Einem großen Publikum wurde er vor allem durch seine Schrift *Das Recht auf Faulheit* bekannt.

Foto: German Fehrenbach. IISG

Eleanor, die jüngste, politisch und publizistisch aktivste der drei Marx-Töchter. IISG

Marx-Sohn Edgar (Musch), ca. 1850. Jennys Herzensliebling starb im Alter von nur acht Jahren. Zeichnung: R. Daniëls. IISG

Marx mit Tochter Jenny in Margate, 1866. IISG

Helene (Lenchen) Demuth
in den 1870er-Jahren.

Joseph Weydemeyer

Szenen einer Ehe

Anfang der 1850er-Jahre befindet sich die Familie Marx in einer verzweifelten Lage. Zu Hause sitze immer alles im Belagerungszustand, und ganze Nächte hindurch müsse er Tränenbäche ertragen, schreibt Marx an Joseph Weydemeyer. Seine Frau drohe unterzugehen; sie tue ihm leid, denn auf sie falle der Hauptdruck. Anderthalb Jahrzehnte später scheint sich die Situation kaum gebessert zu haben. Damals, im Frühjahr 1867, ist Marx in Deutschland, hat sein *Kapital*-Manuskript beim Hamburger Verleger Meißner abgeliefert und besucht anschließend seinen Freund Kugelmann in Hannover. Vor der anstehenden Rückkehr nach London fürchtet er sich: »Die Schulden dort sind bedeutend. ... Dann wieder der Familienjammer, die inneren Kollisionen, die Hetzjagd. ...«

Familienjammer? Ist es wirklich so weit gekommen? Haben die Schicksalsschläge, die lange Zeit unerträglichen Lebensbedingungen und die materiellen, finanziellen Dauerprobleme die einst so große Liebe zwischen Jenny und Karl Marx zerstört? Waren die beiden tatsächlich so verzweifelt, wie es den Anschein hat? Haben sie es bereut, sich aufeinander eingelassen zu haben? War ihre Ehe von Krisen geschüttelt, war sie gefährdet? War das Familienleben unglücklich?

Zumindest *scheint* es so.

»Beatus ille, der keine Familie hat«, stöhnt Marx schon 1854. Und vier Jahre später wird er in einem Brief an Engels noch deutlicher: »... privatim, I think, führe ich the most troubled life that can be imagined. Never mind! Es gibt keine größre Eselei für Leute von allgemeinen Strebungen, als überhaupt zu heiraten und sich so zu verraten an die petites misères de la vie domestique et privée.« Noch drastischer und zugleich reflektierter formuliert Marx 1866 in einem Brief an seinen späteren Schwiegersohn Paul Lafargue, der gerade stürmisch um Tochter Laura wirbt.

»Mein lieber Lafargue,

... Sie wissen, daß ich mein ganzes Vermögen dem revolutionären Kampf geopfert habe. Ich bedaure es nicht. Im Gegenteil. Wenn ich mein Leben noch einmal beginnen müsste, ich täte dasselbe. Nur würde ich nicht heiraten. Soweit es in meiner Macht steht, will ich meine Tochter vor den Klippen bewahren, an denen das Leben ihrer Mutter zerschellt ist.« Ein halbes Jahr später weitet Marx in einem Brief an den in New York lebenden Genossen Sigfrid Meyer das zitierte Verdikt auf sein eigenes Leben aus. Er deutet an, welche außerordentlichen Belastungen und Strapazen mit der jahrelangen Arbeit an seinem in Kürze erscheinenden Hauptwerk *Das Kapital* verbunden waren. Diesem Buch, lässt er Meyer wissen, habe er »Gesundheit, Lebensglück und Familie geopfert«.

Solche Äußerungen, die von einem gescheiterten Leben berichten, markieren noch nicht den Tiefpunkt. Der ist erst erreicht, wenn man des Lebens überdrüssig ist, wenn man den Tod als Erlösung empfindet – und dies auch ausspricht. 1862 schreibt Marx an Engels: »Meine Frau sagt mir jeden Tag, sie wünschte, sie läge mit den Kindern im Grab, und ich kann es ihr wahrlich nicht verdenken, denn die Demütigungen,

Qualen und Schrecken, die in dieser Situation durchzumachen sind, sind in der Tat unbeschreiblich.« Ihm selbst ist offenbar nicht anders zumute. 1858 heißt es: »In der Tat, wenn dieser Zustand fortdauert, möchte ich lieber 100 Klafter tief unter der Erde liegen, als so fortvegetieren.« Und 1866 bricht es aus ihm heraus: »Dear Fred, ... Gestern lag ich wieder brach, da ein bösartiger Hund von Karbunkel an linker Lende ausgebrochen. Hätte ich Geld genug, das heißt >-0, für meine Familie, und wäre mein Buch fertig, so wäre es mir völlig gleichgültig, ob ich heute oder morgen auf den Schindanger geworfen würde, alias verreckte. Unter besagten Umständen geht es aber noch nicht.«

Die Aneinanderreihung dieser und ähnlich drastischer Zitate erzeugt fraglos einen verheerenden Eindruck. Darum werden solche »Stellen« ja auch so gerne angeführt. Sie dienen als scheinbar unwiderlegliche Beweise für das grandiose Scheitern der Ehe zwischen Jenny und Karl Marx – und scheinen obendrein auch noch die »Schuldfrage« zu klären. Doch kann man zwei bedeutenden Menschen, ihrer jahrzehntelangen Beziehung, ihrem Familienleben auch nur annähernd gerecht werden, indem man einige besonders kantige Bruchstücke aus ihren schriftlichen Hinterlassenschaften zu einem Schreckensbild zusammenfügt und dieses dann für das Ganze ausgibt?

Gegenüber Louis Kugelmann hat Marx einmal gesagt, Friedrich Engels sei sein »intimster Freund«, und hinzugefügt: »Ich habe kein *Geheimnis* für ihn.« Das war nicht übertrieben. Wenn sie sich nicht persönlich sehen konnten, standen die beiden in brieflichem Kontakt. Dieser erstreckte sich über den langen Zeitraum von ungefähr vierzig Jahren; besonders intensiv war er zwischen 1850 und 1870, als Marx in London und Engels in Manchester lebte. Dieser Briefwechsel ist ein Glücksfall. Doch er wirft schwierige Interpretationsprobleme auf, nicht zuletzt in den eher privaten Passagen und hier wiederum besonders in jenen, die das Verhältnis zwischen Jenny und Karl Marx betreffen.

Es wurde schon erwähnt, dass die Marx-Engels-Briefe streckenweise durch einen ausgesprochen rabaukenhaften Ton verstören. Es ist nicht angenehm zu lesen, wie die beiden Korrespondenzpartner oft Hohn und Spott selbst über politische Freunde ausgießen, wie sie andere hemmungslos beschimpfen und beleidigen. Auch wenn man sicherlich unterstellen darf, dass viele dieser »Unter-vier-Augen«-Invektiven nicht immer so böse gemeint waren, wie sie heutigen Lesern erscheinen, ist es alles andere als einfach, vielleicht unmöglich, manche auf den ersten Blick extreme Äußerung richtig einzuordnen und zu gewichten. Das gilt auch und vor allem für die in den Briefen erkennbare Wahrnehmung der eigenen Lebenssituation. »Du wirst aus meinen Briefen ersehn haben«, schreibt Marx zum Beispiel am 8. September 1852, »daß ich die Scheiße wie gewöhnlich, wenn ich selbst darin stecke und nicht nur von weitem davon höre, mit großer Indifferenz durchwate.« Natürlich weiß Adressat Engels nur zu gut, dass Marx keineswegs so »indifferent« ist, wie er glauben macht, sein zynischer Überlegenheitsgestus vielmehr auf das genaue Gegenteil hindeutet. Noch tiefer lässt es blicken, wenn Marx plötzlich auf diesen Gestus verzichtet und »ungeschützt« schreibt, wie nach der Geburt des nicht lebensfähigen Kindes

1857. Darauf replizierte Engels: »... ich weiß, es muß Dir hart kommen, eh Du so schreibst.«

Während die Interpretation des Briefwechsels also mitunter schwierig ist, lässt sich der rüde Tonfall durchaus erklären. Beide, Marx und Engels, litten unter spezifischen Frustrationen, beide brauchten ein Ventil. Beiden waren die Hände gebunden: Engels, weil er in Manchester beruflich beansprucht wurde, Marx, weil die private Misere ihn niederdrückte. Beide waren überzeugt – Marx vermutlich noch mehr als Engels –, eine neue, wichtige, ja weltbewegende Botschaft zu verkünden. Doch mit dieser Botschaft drangen sie sehr lange Zeit nicht durch, fanden kaum Gehör, wurden vielfach boykottiert, ihre Schriften konfisziert. Es gehört schon eine enorme Kraft dazu, in einer solchen Situation das Selbstbewusstsein, die Motivation nicht zu verlieren und unbeirrt weiterzuarbeiten – nur mit der Hoffnung, aber ohne die Gewissheit, dass sich an der ausweglosen Lage im Laufe der verbleibenden Lebensjahre noch Grundlegendes ändern würde. Um Selbstzweifeln und Resignation entgegenzuwirken, konnte es da zuweilen hilfreich sein, sich aufs hohe Ross zu setzen und die halbe Welt als »Esel« zu verunglimpfen (um ein von Marx und Engels häufig benutztes Schimpfwort – freilich der harmlosen Sorte – aufzugreifen).

Weil Engels nicht nur sein intimster Freund war, sondern wohl der Einzige, mit dem er sich offen über seine privaten Sorgen und Probleme besprechen konnte, enthält der Schriftwechsel der beiden Männer selbstverständlich auch Passagen über Jenny Marx, über die Beziehung der Eheleute und die Verhältnisse in der Familie. Wie wir schon gesehen haben, hat sich auch Jenny gegenüber einigen vertrauten Menschen über ihr jeweiliges Befinden, ihre Sorgen und Nöte, auch über die schönen Aspekte ihres Lebens ausgesprochen. Und schließlich sind auch von den Töchtern viele Schreiben privater Natur überliefert. Biografisch Interessierte verfügen also über eine sehr solide Materialbasis. Leider wird sie von manchen Autoren, die über das Leben von Mitgliedern der Marx-Familie schreiben, verantwortungs- und respektlos genutzt. Sie schrecken nicht einmal vor dem zurück, was man »postume Einmischung in innerfamiliäre Angelegenheiten« nennen könnte – ebenso anmaßend wie peinlich. Oder sie finden nichts dabei, die überlieferten Briefe als riesigen Steinbruch zu betrachten, aus dem sie selektiv, tendenziös und sogar offen verfälschend zitieren dürfen, um eine ressentimentgeladene Story zu kompilieren, die mit der Lebenswirklichkeit der betroffenen Menschen wenig zu tun hat. Oft sind es merkwürdigerweise dieselben unseriösen Autoren, die wortreich Klage darüber führen, die beiden Marx-Töchter Eleanor und Laura hätten nach dem Tod ihrer Eltern private Briefe verschwinden lassen. Ob das tatsächlich so gewesen ist, sei dahingestellt. Doch selbst wenn: Ist es nicht absolut verständlich und das gute Recht von Kindern, das Privat- und Intimleben ihrer verstorbenen Eltern zu schützen, selbst wenn es sich bei diesen um »Personen der Zeitgeschichte« handelt? Eleanor war ganz entschieden dieser Ansicht. Als sie einige Jahre nach dem Tod von Jenny und Karl Marx befürchten musste, dass insbesondere deren brieflicher Nachlass ihr und ihrer Schwester entzogen werden könnte, war sie außer sich: »Die Manuskripte, besonders die Privatbriefe«, schrieb sie an

Laura, »sind unsere Sache; sie gehören uns – nicht einmal Engels.«

Kann man das private Leben von Jenny und Karl Marx aus den hinterlassenen Briefen »vollständig« rekonstruieren? Nein, das kann man gewiss nicht. Man könnte es selbst dann nicht, wenn diese Briefe – was nicht der Fall ist – noch alle vorhanden wären. Die Ursache liegt nicht nur in dem trivialen Tatbestand, dass Briefe, so aussagekräftig sie als einzelne, erst recht in ihrer Gesamtheit sein mögen, niemals auch nur entfernt das *ganze* Leben abbilden können. Es liegt auch daran, dass viele der privaten Briefe aus dem Hause Marx Momentaufnahmen sind; sie sind aus einer Augenblicksstimmung heraus geschrieben, die sich nicht verallgemeinern lässt. Marx zum Beispiel hat im Rahmen seiner extrem dichten Korrespondenz mit Engels diesem in der Regel nicht dann »Mitteilung gemacht«, wenn das häusliche Leben harmonisch, ungetrübt oder fröhlich verlief, sondern wenn die Stimmung gereizt oder niedergeschlagen war oder der Haussegen sonst wie schief hing. Nichts anderes gilt für Jenny: Sie hatte zwar im Unterschied zu ihrem Mann keinen Briefpartner, dem sie spontan, gleichsam tagesaktuell berichten konnte. Doch auch sie hat – ungeachtet ihrer vielen heiteren, beschwingten Briefe – vor allem dann zur Feder gegriffen, wenn es ihr weniger gut ging und sie ihr Herz erleichtern wollte.

Während die einen Briefe also Momentaufnahmen sind, verhält es sich bei anderen genau umgekehrt, und auch da ist Vorsicht geboten. In ihnen wird summarisch von Ereignissen und Erfahrungen der vergangenen Wochen und Monate erzählt. Oft ist deren emotionale oder kognitive Verarbeitung schon fortgeschritten oder abgeschlossen, sodass die wesentlichen Fakten nun in einer reflektierten, interpretierten, vielleicht sogar gefilterten Form kommuniziert werden.

In einem dritten Brieftyp schließlich teilt der Absender dem Adressaten nicht nur bestimmte klar und deutlich formulierte Dinge mit, sondern er verfolgt Nebenabsichten; der Brief enthält möglicherweise einen Subtext, der damaligen wie heutigen Lesern nicht sofort ins Auge fällt, sondern erst erschlossen werden muss. Selbst die so offenherzigen Briefe von Marx an Engels sind, wie wir gleich sehen werden, nicht immer frei von solchen Subtexten.

Jedenfalls ist es ausgesprochen naiv oder fahrlässig, wenn Biografen die zahlreichen höchst subjektiven Äußerungen von Karl über Jenny oder Jenny über Karl aneinanderreihen, sozusagen »Szenen einer Ehe« abspielen, und vorgeben, damit ein »objektives Bild« zeichnen zu können. Mit solch simplen Methoden kommt man, um eine marxsche Formulierung zu verwenden, der Wahrheit »auch nicht um einen Flohsprung näher«. Man kann subjektive Äußerungen des einen Partners über den anderen nicht eins zu eins übernehmen. Ein Beispiel: Marx behauptet gegenüber Engels, Jenny sei gerade wieder einmal aus diesem oder jenem Grund sehr reizbar. Was sollen wir mit einer solchen Äußerung anfangen – solange wir nicht wissen, woher Jennys vermeintliche Reizbarkeit rührt und ob die von Marx geäußerten Vermutungen über deren Ursache zutreffen; solange wir nicht wissen, ob Marx selbst durch bestimmte Äußerungen oder Verhaltensweisen unbewusst die Reizbarkeit Jennys ausgelöst hat; solange wir nicht wissen, ob Marx einfach nur einen falschen Eindruck von Jennys Gemütsverfassung hatte, vielleicht weil er an besagtem Tag nervlich übermäßig angespannt, also selbst »reizbar« gewesen ist; und solange wir nicht wissen, wie gravierend die Dissonanzen zwischen den Partnern denn tatsächlich waren (vielleicht haben sie sich ja schon wieder aufgelöst, bevor der Brief bei Engels eingetroffen ist).

Statt nun zahlreiche aus ihrem jeweiligen Kontext herausgelöste Äußerungen von oder über Jenny und Karl Marx vorzuführen, scheint es sinnvoller, an einigen aussagekräftigen Beispielen in die Tiefe zu gehen und auf diesem Weg zu tragfähigeren Schlüssen zu kommen.

Eine Begebenheit, die auf den ersten Blick nur das Verhältnis zwischen Marx und Engels zu betreffen scheint und in die Jenny denn auch nicht unmittelbar eingreift, gleichwohl eine wichtige Rolle spielt, fällt in den Beginn des Jahres 1863. Am 7. Januar teilt Engels brieflich mit, dass seine langjährige Lebensgefährtin Mary Burns überraschend verstorben sei. Seinen »Kondolenzbrief« beginnt Marx so:

»Lieber Engels,

Die Nachricht vom Tode der Mary hat mich ebenso sehr überrascht als bestürzt. Sie war sehr gutmütig, witzig und hing fest an Dir.

Mag der Teufel wissen, daß nichts als Pech jetzt in unsern Kreisen sich ereignet. Ich weiß auch absolut nicht mehr, wo mir der Kopf steht.« Nach dieser kurzen, gefühlskalten, vollkommen unangemessenen Reaktion auf Mary Burns' Tod findet Marx schnell zurück zum eigenen »Pech« und lamentiert im Rest des Briefes, wie so oft, über seine materiellen

Nöte und die gerade in diesen Tagen sich dramatisch zuspitzenden finanziellen Engpässe. Auch über Jenny findet sich eine Äußerung, die auf Spannungen zwischen den beiden schließen lässt: »In ganz London ist kein einziger Mensch, gegen den ich mich auch nur frei aussprechen kann, und in meinem eignen Hause spiele ich den schweigsamen Stoiker, um den Ausbrüchen von der andern Seite das Gegengewicht zu halten.«

Jenny war zu jener Zeit, wie wir bereits wissen, tief verzweifelt. Sie hatte gerade ihre in erster Linie der Geldbeschaffung dienende, insoweit jedoch völlig vergebliche Reise nach Paris hinter sich gebracht, die auch sonst mit großen Strapazen und sehr viel Unglück verknüpft war, um dann, nach ihrer Rückkehr, mit dem Tod von Lenchens Halbschwester Marianne Creutz konfrontiert zu werden. Zu Beginn des neuen Jahres drohte nun also auch noch die totale Zahlungsunfähigkeit.

Auf Marx' Mitteilungen von Jennys elender Paris-Reise sowie dem überraschenden Tod Mariannes hatte Engels übrigens auch nicht gerade einfühlsam reagiert. Sollte Jenny seinen Brief an ihren Mann vom 26. Dezember 1862 gelesen haben, wird sie unangenehm berührt gewesen sein: »Die Ereignisse in Deinem Haus und auf der Reise Deiner Frau sind wirklich wunderbar und was wichtiger ist, von *ganz speziellem Pech*.«

Der Umstand, dass auch Engels sich hier im Ton vergreift, kann selbstverständlich die mangelnde Anteilnahme Marx' an Marys Tod weder erklären noch entschuldigen oder relativieren. Engels ist über den merkwürdigen Brief seines Freundes mit Recht derart schockiert, dass er zunächst einige Tage verstreichen lässt, bevor er diesen in einem scharf formulierten Schreiben darüber ins Bild setzt, wie enttäuscht und verbittert er ist. Zugleich macht er ihm klar, dass er sich aktuell außerstande sieht, die erwünschte und erwartete finanzielle Hilfe zu leisten. Auch Marx lässt daraufhin einige Zeit ins Land gehen. Elf Tage später, am 24. Januar 1863, entschuldigt er sich in aller Form und versucht Engels zu erklären, wie es zu seinem Fehlverhalten gekommen ist: »Es war von mir sehr unrecht, daß ich Dir den Brief schrieb, und ich bereute ihn, sobald er abgeschickt war. Es geschah dies jedoch keineswegs aus Herzlosigkeit. Meine Frau und Kinder werden mir bezeugen, daß ich beim Eintreffen Deines Briefs (der frühmorgens kam) so sehr erschüttert war als bei dem Todesfall der mir Nächsten. Als ich Dir aber abends schrieb, geschah es unter dem Eindruck sehr desparater Umstände. Ich hatte den broker im Haus vom landlord, einen Wechselprotest vom Metzger, Mangel an Kohlen und Lebensmitteln im Haus und Jennychen im Bett liegen. Unter solchen circumstances weiß ich mir generally nur durch den Zynismus zu helfen. Was mich noch speziell toll machte, war der Umstand, daß meine Frau glaubte, ich habe Dir den realen Sachverhalt nicht hinlänglich treu mitgeteilt.«

Interessanter als Marx' Entschuldigung und Erklärung für sein Fehlverhalten ist für uns sein abschließender Hinweis auf die vermeintliche Uneinsichtigkeit Jennys. Glaubt man seiner Darstellung, dann hat seine Frau inständig auf finanzielle Hilfe von Engels gehofft; als diese ausblieb, hat sie ihrem Mann unterstellt, dieser habe Engels die Dramatik der Lage nicht ausreichend klargemacht. Dieser Vorwurf Jennys, so Marx, sei nun vom Tisch. Engels' letzter Brief habe sie davon überzeugt, dass diesmal tatsächlich keine Hilfe möglich gewesen sei. Dann fährt er fort:

»Da es Dir unmöglich war zu helfen, obgleich ich Dir mitgeteilt, daß wir in der Lage der Manchester Arbeiter, mußte sie das non possumus einsehn, und dies *wünschte* ich, da der bisherige Zustand, das Rösten am kleinen Feuer – wobei Kopf und Herz verzehrt werden und außerdem die kostbarste Zeit verlorengeht und mir und den Kindern gleich schädliche false appearances aufrechterhalten werden – enden muß.« Keine »false appearances« mehr, sondern den Tatsachen ins Auge sehen – das *scheint* die Botschaft des Briefes zu sein. Marx behauptet, Jenny sei nun endlich bereit, auf einen Vorschlag einzugehen, den er schon öfter gemacht habe. Er wolle sich »bankrott erklären« (heute würde man wohl sagen: Privat-Insolvenz anmelden). Die Folgen malt er drastisch aus: »Meine zwei ältesten Kinder werden durch die Familie Cunningham Stellen als governesses erhalten. Lenchen soll in einen andren Dienst treten, und ich mit Frau und Tussychen werden dasselbe City Model Lodging House bewohnen gehn, worin seinerzeit der rote Wolff mit Familie residierte.«

Ob Marx das wirklich ernst meinte? Warum hielt er es dann trotz seiner und Jennys vermeintlicher Einsicht in das »non possumus« für erforderlich, Engels an die »Lage der Manchester Arbeiter« zu gemahnen, die dieser so gut wie kein anderer kannte und über deren schweres Los er 1845 seine aufrüttelnde Studie *Die Lage der arbeitenden Klasse in England* veröffentlicht hatte? Könnte Marx' Brief nicht vielmehr der letzte Versuch gewesen sein, seinem Freund die Lage – im Sinne Jennys – »hinlänglich treu« mitzuteilen? War er gar so verzweifelt, dass er seine Frau vorschob, um seine Not in aller Schärfe ansprechen zu können? Muss man also in seiner angeblichen Entscheidung, den Bankrott zu erklären, nicht eher einen verkappten Hilferuf sehen? Vieles spricht dafür. Sein Brief enthält offenbar ein Kalkül, einen Subtext. Stellt man das in Rechnung, erscheinen auch seine kritischen Bemerkungen über Jenny in einem anderen Licht.

Jedenfalls: Engels akzeptiert nicht nur Marx' Entschuldigung hinsichtlich seines verunglückten Kondolenzschreibens. Er wirft sich auch erneut in die Bresche und findet tatsächlich einen – für ihn persönlich sehr riskanten – Weg, Marx und seiner Familie finanziell zu helfen. »Ich bin … dem alten Hill an die Wechsel gegangen und habe mir inliegende £ 100 auf John Rapp & Co., am 28. Februar fällig, genommen und an Dich endossiert. Ich denke, es kommt nicht vor Juli heraus, und dann haben wir wieder eine Galgenfrist.« Also doch kein »non possumus« – und doch kein Bankrott. Als dies geklärt ist, schreibt Marx am 28. Januar einen weiteren Brief an Engels, in dem er sich im Grunde ein zweites Mal für sein Verhalten angesichts der Nachricht von Mary Burns' Tod entschuldigt und die materiellen Existenzängste, die ihn wochenlang umgetrieben haben, nun mit Nachdruck relativiert; er findet es rückblickend kaum noch begreiflich, dass diese Ängste so überhandnehmen konnten, dass sie kurzzeitig sogar seine Freundschaft mit Engels bedrohten. Die Schuld daran, dass es überhaupt so weit gekommen ist, schiebt er auf Jenny – zumindest könnte eine oberflächliche Lektüre seines

Briefes zu dieser Annahme verleiten: »Ich kann Dir jetzt ...
ohne weitere Umstände sagen, daß trotz aller der Presse, worin ich während der letzten Wochen lebte, nichts auch nur ver-
hältnismäßig so auf mich preßte, als die Furcht, daß nun Riß
in unsrer Freundschaft. Ich erklärte wiederholt meiner Frau,
daß mir an dem ganzen Dreck nichts liege, verglichen damit,
daß ich durch diese bürgerlichen Lausereien und ihre exzentrische Aufregung fähig gewesen sei, Dich in einem solchen
Moment, statt zu trösten, noch mit meinen Privatbedürfnis-
sen anzufahren. Consequently war der Hausfriede sehr ge-
stört, und die arme Frau mußte die Sache ausbaden, an der sie
in der Tat soweit unschuldig war, als Frauen gewohnt sind,
das Unmögliche zu verlangen. Sie hatte natürlich keine Ahnung von dem, was ich schrieb, aber bei einiger Reflexion
hätte sie berechnen können, daß so was herauskommen mußte. Die Weiber sind komische Kreaturen, selbst die mit viel
Verstand ausgerüsteten. Morgens weinte meine Frau über die
Marie und Deinen Verlust, so daß sie ihr eignes Pech, was grade an dem Tag kulminierte, ganz vergaß, und abends glaubte
sie, daß außer uns kein Mensch in der Welt leiden könne, der
nicht den broker im Hause habe und Kinder habe.«

Abermals ein merkwürdiger Brief: Was Marx hier so he-
rablassend als »bürgerliche Lausereien« bezeichnet, war ihm
in den vorangegangenen Wochen natürlich ebenso wenig
fremd gewesen wie Jenny. Auch er war angesichts der desolaten Lage von einer großen »Aufregung« erfasst worden. Vielleicht will er das nun nicht mehr wahrhaben. Vielleicht will er
Engels auch das Gefühl vermitteln, dieser habe nicht für ihn,
sondern vor allem Jenny zuliebe das scheinbar Unmögliche

doch noch möglich gemacht; bekanntlich sind es ja stets die Frauen, die »das Unmögliche« verlangen. Täuscht Marx an dieser Stelle wieder einmal eine Souveränität vor, die ihm längst abhandengekommen ist? Wenn er Jennys »exzentrische« Reaktion auf Marys Tod beschreibt – morgens tiefe Verzweiflung über den Verlust und Mitgefühl für Engels, abends ebenso tiefe Verzweiflung über ihr eigenes Unglück –, dann muss man nachdrücklich daran erinnern, dass er in seinem »Reuebrief« vom 24. Januar seine eigene Reaktion ganz genauso geschildert hat: Auch er war morgens tief erschüttert, wurde dann aber im Laufe des Tages von den eigenen Problemen so absorbiert, dass er alle Proportionen verlor. Offenbar sind also nicht nur die Weiber »komische Kreaturen«, sondern auch die Männer, »selbst die mit viel Verstand ausgerüsteten«. So stark also Marx auch immer die Unterschiede zwischen ihm und Jenny betonen mag – tatsächlich haben die beiden an jenem Tag ganz ähnlich empfunden und reagiert. Es dürfte Engels wenig Mühe bereitet haben, die Widersprüche und Ungereimtheiten in den Mitteilungen seines Freundes zu entdecken.

Zudem enthält der zuletzt zitierte Marx-Brief abermals einen Subtext, der Engels ganz gewiss nicht entgangen ist. Dazu muss man wissen: Marx' Beileidsschreiben an Engels war *nur* unzulänglich gewesen – Jenny hingegen hat überhaupt nicht kondoliert! Sie hatte zu Mary Burns ein schwieriges Verhältnis gehabt. Es rührte daher, dass Engels und Mary ohne Trauschein zusammenlebten, was zur damaligen Zeit äußerst ungewöhnlich war. Auch Marx hatte seine Probleme damit, und sein verunglückter Brief mag unterschwellig auch dadurch bewirkt worden sein. Als Jenny das Paar Mitte der 1840er-Jahre kennenlernte, fiel es ihr schwer, die Beziehung zu akzeptieren, und sie hat es auch in späteren Jahren nicht vermocht, ihr Verhältnis zu Mary zu entkrampfen. Aus Marx' Brief konnte Engels nun immerhin die beruhigende Gewissheit schöpfen, dass der Grund für die ausgebliebene Beileidsbekundung Jennys nicht etwa in mangelnder Anteilnahme zu suchen war. Abermals wichtig: Auch in diesem Marx-Brief erscheinen die kritischen Bemerkungen über Jenny bei genauer Betrachtung in einem anderen Licht.

Die hier analysierten Briefe der Jahreswende 1862/63 lassen überaus vielschichtige, komplizierte, verwickelte Beziehungen erkennen oder erahnen. Manche Autoren machen es sich mit dieser Gemengelage sehr einfach, indem sie – pars pro toto – einen bestimmten besonders markanten Satz herausgreifen und alsdann behaupten oder suggerieren, er erlaube einen authentischen Einblick in den damaligen Zustand der Ehe zwischen Jenny und Karl Marx. Auf diese Weise hat es der – auch von uns zitierte – marxsche Seufzer, er spiele in der Familie »den schweigsamen Stoiker, um den Ausbrüchen von der andern Seite das Gegengewicht zu halten«, zu einer gewissen Bekanntheit gebracht. Man sieht, wie sehr derartige Reduktionen in die Irre führen können.

An früherer Stelle wurde gesagt, dass Jenny wohl insbesondere dann zur Feder gegriffen habe, wenn sie sich schlecht fühlte und das Bedürfnis verspürte, sich einem vertrauten Menschen mitzuteilen. Auch diese Vermutung findet in der Krisenperiode der Jahreswende 1862/63 eine Bestätigung. Es ist bezeichnend, dass Jenny ausgerechnet zu dieser Zeit den Kontakt zu ihrer Freundin Ernestine Liebknecht erneuert. Kurz nach dem Tod Mary Burns' und mitten im tiefsten Finanzdesaster schreibt sie gleich zwei Briefe, den ersten am 16. Januar 1863 – er bleibt zunächst liegen –, den zweiten am 19. Januar, nachdem sie tags zuvor ein Beileidsschreiben Ernestines zum Tod von Marianne Creutz erhalten hatte.

Die Liebknechts hatten London im September 1862 verlassen und waren nach Deutschland – nach Berlin – zurückgekehrt. Außer einem Brief Ernestines von Ende Oktober hatte es zwischen den beiden Frauen seither keine Korrespondenz gegeben. Nun drohte der private Kontakt ganz abzureißen. Jenny ergreift die Initiative und versichert der achtzehn Jahre jüngeren Ernestine, dass man in der Familie stets an die Liebknechts gedacht, sie vermisst, sie nach London zurückgewünscht hätte: »Sie werden mir diese Äußerungen vielleicht nicht glauben, und denken Papier sei geduldig und wehre sich nicht gegen Phrasen und Redensarten –; ich hatte Ihnen während Ihres Hierseins im Ganzen nicht viel Sympathie gezeigt und durch mein seltnes Kommen mit Recht den Schein der Kälte, Verhärtung und Entfremdung auf mich geladen; – doch, meine liebe Frau Liebknecht, wenn man so lange, lange Jahre fast nur Sorgen, Qualen und Angst kennt, wenn Tod, Krankheit und Elend miteinander abwechseln, um das Herz bis ins Innerste zu erschüttern, die Stimmung zu verdüstern und den frischen Lebensmut zu lähmen, – so ist man wirklich nicht mehr im Stande ganz so für Andre zu fühlen, oder selbst wenn man fühlt, seinen Empfindungen Ausdruck zu leihen. Man verschließt oft das Bessre in sich und zeigt nur das, was Schicksal und Leben schon getrübt und verkümmert haben; so war es mit mir in den letzten Jahren Ihres Hierseins, und wirklich Frau Liebknecht, ich war oft besser als ich scheine. …«

Die beiden Frauen bleiben in den Folgejahren bis kurz vor Ernestines frühem Tod im Mai 1867 in Verbindung. Ernestine wird in dieser Zeit für Jenny eine der wichtigsten Vertrauten. Allerdings liegen zwischen den Briefen oft monatelange Vakanzen. Wenn Jenny schreibt, kann sie oft von Erfreulichem aus dem Leben ihrer Familie berichten, etwa dem Umzug in das große, schöne, sonnendurchflutete Haus in der Maitland Park Road – das war 1864 –, von der sie beglückenden Entwicklung ihrer Töchter, von den sommerlichen Erholungsaufenthalten am Meer. Doch sie kommt auch immer wieder auf die Schattenseiten ihres Daseins zu sprechen. Zunehmend breiten Raum nehmen die Berichte über die immer heftigeren, sie beängstigenden Erkrankungen ihres Mannes ein. Und natürlich sind da ihre melancholischen, resignativen, depressiven Stimmungen, auch ihre oft sehr schlechte körperliche Verfassung. Sie sei, schreibt sie Ernestine im Oktober 1863 »so leidend und körperlich herunter [gewesen], daß mir jede geistige Anstrengung, selbst das Schreiben eines kleinen Briefes, lästig und anstrengend war. Neben starken nervösen Kopfschmerzen litt ich auch an fast totaler Taubheit, ein Leiden, dessen Schrecklichkeit ich Ihnen, meine gute Frau Liebknecht, leider nicht zu schildern brauche.«

Von temporärer Taubheit war Jenny erstmals im Laufe ihrer Pockenerkrankung 1860 befallen worden; in späteren Jahren hat sich das Leiden dann wohl noch öfter eingestellt.

Jennys resignative Grundstimmung ist in vielen ihrer Briefe an Ernestine Liebknecht greifbar, am deutlichsten vielleicht im Frühjahr 1866. Da schreibt sie, eine abermalige längere Unterbrechung der Korrespondenz entschuldigend: »Ich muß aufrichtig gestehn, ich bin in dem Jahre ganz schreibscheu geworden, und alle die Sorgen und Mühen und Quälereien, die ich in der Zeit wieder durchgemacht, haben mich oft so melancholisch und trübselig gemacht, daß ich alle Lust zum Schreiben und Aussprechen verlor. Es kostet einem oft Überwindung, ehe man sich wieder ans Schreiben gibt, und dennoch ist es so Unrecht; am Ende ist es doch der größte Genuß sich auszusprechen, und zwar gegen alte Freunde, vor denen man sich nicht geniert und die aus eigner schwerer Erfahrung alles verstehn und tief und innig mitempfinden. Und wie wenig solcher Freunde gibt es, und wie lange, lange Jahre dauert es, ehe sich wahre Freundschaft ausbildet, und wie schwer wird das Aufschließen an junge und neue Bekannte, mit denen man keine Vergangenheit durchlebt, an die keine alten lieben Erinnerungen binden und fesseln. Im vorgerückten Alter wird das Aufschließen stets schwerer und schwerer und man zieht sich zuletzt am liebsten mit all' seinen Schmerzen und Sorgen, seinen getäuschten Hoffnungen in sein stilles Selbst zurück.«

Zwei Jahre zuvor, im Juli 1864, hatte sie ihrer Freundin mitgeteilt, sie habe sich in letzter Zeit oft sehr elend gefühlt, um dann hinzuzufügen: »… ich meine oft, all mein spirit sei für immer gebrochen, ich habe wirklich im Leben zuviel durchgemacht.«

Jennys »spirit« für immer gebrochen? Angesichts der gerade zitierten Äußerungen ist man spontan geneigt, dieser Einschätzung zuzustimmen. Und im Grunde bestätigt Jennys Selbstwahrnehmung das unwirsche Urteil ihres Mannes vom November 1868 – in einem Brief an Engels: »Meine Frau hat seit Jahren – aus den Umständen erklärlich, aber deswegen nicht angenehmer – ihr temper durchaus verloren und quält mit ihrem Jammer und Reizbarkeit und bad humour die Kinder zu Tod. …«

Marx' Wahrnehmung und Jennys Selbstwahrnehmung stimmen überein und besitzen zweifellos eine reale Grundlage. Und doch geben sie nur die halbe Wahrheit wieder. Liest man auch diesen Brief Jennys nicht isoliert, sondern stellt ihn in einen größeren zeitlichen Kontext, macht man eine überraschende Entdeckung. Nur etwa zwei Wochen nachdem sie Ernestine Liebknecht von ihrem angeblich gebrochenen »spirit« (oder »esprit«, wie es in einer anderen Wiedergabe des Textes heißt) berichtet hat, schreibt Jenny aus London an ihren Mann und die Töchter, die gerade in Ramsgate einen Sommerurlaub verbringen. Ihr Brief quillt vor Witz und Lebensfreude schier über. Wenn Karl Marx einmal von Jenny gesagt hat, sie sei eine »wahre Virtuosin« im Briefeschreiben und Schwiegersohn Paul Lafargue sich erinnert, es habe als ein Fest gegolten, einen Brief von Frau Marx zu erhalten – dann ist dieser sprühende Text einer der schönsten Belege für solches Lob:

»Ich kann Euch von hier aus nichts Interessantes berichten, nur daß die Katzenarmee sich sehr wohl befindet und daß der jüngere Nachwuchs wunderbar gedeiht. … Auch Dein Greenhaus, liebes Jennychen, blüht und duftet ganz prächtig – die Schlingpflanzen sind gar nicht mehr zu regieren, sie schlagen sozusagen mit Händen und Füßen aus, während die Weinrebe ihre 4 Arme sehnsüchtig an der Wand ausbreitet und schon 2mal von uns beschnitten wurde, und zwar auf scharlachrotem Hintergrunde; ich fürchte aber, sie gehört zu den trocknen Seelen, und aus ihren Wundmalen strömt weder weißes noch rotes Blut. Dir, mein liebes Laurachen, muß ich sub rosa mitteilen, daß ich ein Kapital von 1–10 Shillings, sage 1 Pfund zehn Shillinge, in Obst und Zucker angelegt habe und daß besagtes Kapital fast 100fache Zinsen getragen hat. Es werden Dich 80 Töpfe jellys, jams, und confituren anlachen und Dir den Mund wäßrig machen. Dies aus dem Reich der Küche; daneben blühten Faden, Nadel und Schere zum Ärger aller Geißböcke der Welt. Ihr werdet in veilchenblauer Seide singen können ›Wir winden Euch den Jungfernkranz‹ [die erste, leicht abgewandelte Zeile aus dem Jungfernchor der Oper *Der Freischütz* von Carl Maria von Weber] und daneben Eure alten, treuen Veteranen in neuer himmelblauer Livrée wiederfinden. Ich bin eben dran, ihnen falsche Schwänze anzuhängen und ihnen optische Länge und Weite beizubringen. Doch wohin führt der Artikel ›Meck, meck, meck‹?! Unvermeidlich zu Leßner alias Carstens [Friedrich Leßner, von Beruf Schneider, war ein nach London emigrierter Weggefährte von Marx und Engels]. Er beehrte mich Sonnabend mit seiner Gegenwart, flankiert von einer ganzen Hose, ¼tels Weste und einem halben Gehrock. Ich war so generös, mit ihm und Mrs. Parker ein solennes ›Abendbrot‹ einzunehmen, das aus einem Rest von Schinken, einem Schwanz von Salm und einem reichlichen supply von cabbage und bacon bestand. Bierlabationen fehlten auch nicht. Da wir einmal am Schneiderreich ange-

141

langt sind, so muß ich Euch doch die neusten news von Miss Morton erzählen, die ich zufällig durch einen andern *Schneider* erfuhr. Du erinnerst Dich Deines frühern Leibschneiders, lieber Karl, des dicken Mannes, der Dich behoste, ehe noch Leßners reign of terror begonnen hatte. Von ihm hörte ich, daß Miss Mortons Mutter um Weihnachten gestorben war, daß Miss Morton ihr Haus besagtem Kleiderkünstler verkauft hat und daß sie selbst nach Great College Street gezogen ist. Wir haben jetzt also mit dem Verschwinden des Schildes freie Passage und sind sicher vor ängstlichen Fluchtversuchen.«

Und so weiter und so weiter. Wenn Jenny einmal im Erzählen ist, wenn sie Klatsch und Tratsch zum Besten gibt, findet sie so schnell kein Ende. Man kann sich lebhaft vorstellen, wie der launige Brief am Strand oder im Café laut vorgelesen wurde und bei den vier Ramsgate-Urlaubern große Heiterkeit auslöste.

Die bis zum Ende ihres Lebens nachwirkenden existenziellen Erschütterungen und ihre darob oft melancholische Grundstimmung haben es letztlich doch nicht vermocht, den vielleicht anziehendsten Charakterzug der Jenny Marx zu verschütten. Schon der kleinste Sonnenstrahl kann ihre Stimmung aufhellen, ihre oft überschäumende Lebensfreude, ihre Lebenslust und ihren Lebensmut wecken. Auch in dieser Hinsicht befand sie sich in völligem Gleichklang mit ihrem Partner, erinnert sich Tochter Eleanor, die ihre Beobachtungen wohl frühestens Ende der 1860er-Jahre, vermutlich jedoch etwas später gemacht hat.

»Es gibt nicht bald wieder zwei Leute, die so Gefallen fanden an Scherz und Witz wie die zwei. Oft und oft – besonders, wenn die Gelegenheit Dekorum und Zurückhaltung erforderte, habe ich sie lachen sehen, daß ihnen die Tränen über die Wangen liefen, und sogar die, welche sich versucht fühlten, die Nase zu rümpfen ob solchen Leichtsinns, konnten nichts anderes tun als mitlachen. Wie oft habe ich gesehen, daß sie sich nicht ins Gesicht zu sehen wagten, weil sie wußten, daß ein einziger Blick unstillbares Gelächter entfesseln mußte. Die zwei Leute zu sehen, wie sie ihre Blicke auf alles andere richteten, nur nicht aufeinander, mit aller Anstrengung ein Lachen unterdrückend, das zuletzt doch mit elementarer Kraft durchbrach, ist eine Erinnerung, welche ich nicht missen möchte. …

Lutz Schwerin von Krosigk zitiert in seiner Jenny-Marx-Biografie zahllose Beispiele, in denen sich Marx bei Engels angeblich über seine Frau »beschwert« oder »beklagt«. Schaut man genauer hin, stellt man fest, dass in den meisten Fällen von Beschwerden oder Klagen keine Rede sein kann. Vielmehr äußert Marx seine *Besorgnis,* was etwas völlig anderes ist.

Umeinander besorgt zu sein, dazu hatten Jenny und Karl Marx im Laufe der Jahre viele Gelegenheiten. Denn oft und öfter wurden sie von Krankheiten heimgesucht und niedergestreckt, darunter auch lebensbedrohlichen. In Krisensituationen *dieser* Art zeigte sich, wie es um ihre Beziehung wirklich bestellt war. Sie standen Ängste um den kranken Partner aus, widmeten sich mit größter Selbstverständlichkeit und äußerster Intensität seiner Pflege. Und oft war der jeweilige Pfleger, wenn das Schlimmste überwunden war, so erschöpft, dass er selbst krank wurde – und seinerseits der Pflege bedurfte. Im

Juni 1854 war das halbe Haus ein Lazarett, und Jenny musste Mann und Kinder betreuen. Am 3. Juni schreibt Marx an den »lieben Frederic«: »Jetzt, wo ich wieder auf dem Damme und die Kinder wieder alle aus dem Bette sind, wenn auch noch nicht aus dem Hause, ist meine Frau, wahrscheinlich infolge der Nachtwachen und Krankheitspflege, sehr herunter. ...«

Als Jenny 1860 die schon angesprochene schwere Pockeninfektion hatte, wachte Marx wochenlang am Krankenlager, nicht das erste Mal, auch nicht das letzte Mal. »Kaum konnte ich wieder etwas außer Bette sein«, berichtet Jenny später ihrer Freundin Luise Weydemeyer, »da erkrankte mein lieber, teurer Karl. Übergroße Angst, Sorge und Quälereien aller Art warfen ihn aufs Krankenlager.«

Jenny war von den Pocken befallen worden, obwohl sie zweimal geimpft worden war. Die Kinder, schreibt sie, wurden nach Ausbruch der Krankheit ebenfalls geimpft und sofort »mit ihren kleinen Habseligkeiten beladen« zu Liebknechts »ins Exil« geschickt, wo sie sich in relativer Sicherheit befanden. Sie mussten dort viele Wochen ausharren. Um ihren Mann, »der mich mit der größten Zärtlichkeit pflegte«, stand Jenny damals »Todesangst« aus – obwohl sie selbst dem Tod nahe war: »Ich wurde ... von Stunde zu Stunde kränker, die Pocken brachen in fürchterlichem Grade aus. Ich litt sehr, sehr viel. Große brennende Schmerzen im Gesicht, vollständige Schlaflosigkeit, ... zuletzt noch der Verlust aller äußeren Sinne, während der innere Sinn, das Bewußtsein, stets klar blieb. Ich lag beständig bei offenem Fenster, so daß die kalte Novemberluft mich anwehen mußte. Dabei stets ein Höllenfeuer im Ofen, Eis auf den brennenden Lippen und Bordeauxwein von

Zeit zu Zeit eingetropft. Schlucken konnte ich kaum mehr, das Gehör wurde stets schwächer, zuletzt schlossen sich die Augen – wußte ich doch nicht, ob sie in ewige Nacht gehüllt bleiben würden!«

Ihre »Natur«, versichert Jenny, habe sie gerettet, und die »zärtlichste, treueste Pflege« habe nachgeholfen. In ihrem Brief an Luise Weydemeyer, knapp drei Monate nach Überwindung der Krankheit geschrieben, ruft sie die Schreckenstage wieder wach, kommentiert sie aber auch schon wieder mit den ihr eigenen Anflügen von Witz und Selbstironie. »Erst am Weihnachtsabend durften die armen Kinder wieder ins sehnsüchtig vermißte Vaterhaus zurückkehren. Das erste Wiedersehen war unbeschreiblich rührend. Die Mädchen waren tief ergriffen und konnten schwer ihre Tränen zurückhalten bei meinem Anblick. Fünf Wochen vorher hatte ich mich noch ganz respektabel neben meinen blühenden Mädchen ausgenommen. Da ich wunderbarerweise noch kein graues Haar hatte, auch sonst noch bei Zahn und Taille war, so pflegte man mich in die Reihe der Wohlkonservierten zu stellen – doch wie war das nun alles vorbei! Ich selbst kam mir vor wie ein Rhinozeros, das eher in den zoologischen Garten gehörte als in den Bund der kaukasischen Rasse. Erschrecken Sie nicht zu sehr! Heute ist es nicht mehr ganz so schlimm, und die Narben fangen an auszuheilen.«

Wie sehr Jenny ihren Mann während der Krankheit brauchte und wie nahe sie sich ihm fühlte, bezeugt Marx selbst in einem Brief an Engels, geschrieben Ende November 1860, als die akute Gefahr gerade gebannt war: »… sonderbarerweise (wohl aus der Besserung zu erklären) kann ich das

Haus nicht verlassen, da meine Frau grade jetzt, wo ich sie wenigst möglich sehn soll (was ihr natürlich nicht gesagt werden darf), mich stets um sich haben will.«

Ob Jenny wohl je erfahren hat, was ihr Mann in diesem Brief Engels noch zusätzlich mitteilte? Dr. Allen, der behandelnde Arzt, habe ihm anvertraut, dass Jenny wohl nicht überlebt hätte, wenn sie nicht zuvor zweimal geimpft worden wäre. Ihr Nervenzustand sei so gewesen, dass die furchtbare Pockenerkrankung immer noch einem Nervenfieber oder Ähnlichem, wozu es gekommen sein würde, vorzuziehen gewesen sei.

Es ist schwer zu sagen, wer von den beiden, Jenny oder Karl, im Laufe der Jahre öfter unter schweren Erkrankungen gelitten hat und vom Partner versorgt werden musste. Im November 1863 ist Jenny wieder als Pflegerin an der Reihe. Bei Karl ist erstmals jene bedrohliche »Karbunkel«-Krankheit ausgebrochen, von der schon die Rede war. Jenny teilt sich zwar die Arbeit mit Lenchen, die Belastungen gehen dennoch an die Grenze: »Lehnchen wurde von Sorge und Anstrengung auch krank«, schreibt sie Wilhelm Liebknecht, »ist heute wieder etwas besser. Ich selbst habe Kräfte gefunden, ich weiß nicht wo. Ich habe die ersten Nächte allein gewacht, während 8 Tagen mit Lehnchen abgewechselt und liege nun im Zimmer auf der Erde, um immer bei der Hand zu sein. Wie mir zumute ist, da er genesen, das fühlen Sie mir nach.«

Doch von Genesung kann vorläufig keine Rede sein. Die Krankheit lässt Marx nicht in Ruhe und bricht immer wieder aus. Im Juli 1864 schreibt Jenny rückblickend an Liebknechts Frau Ernestine: »Was ich in dieser Zeit an Sorgen und ver-

zweiflungsvoller Angst durchgemacht, ist unaussprechlich …«
Und wie schon im vorangegangenen November hat sie auch
diesmal ein provisorisches Lager aufgeschlagen, um jederzeit
verfügbar zu sein:»Ich schreibe neben dem Bette meines Mannes und werde jeden Augenblick abgerufen. Bald muß ich ein
Basilikumpflaster auflegen, bald einen Umschlag. …«

Weder Jenny noch Karl waren wohl besonders einsichtige
Patienten und machten es ihrem jeweiligen Pfleger nicht immer leicht. Als Karl im Juni 1854 gerade wieder genesen, dafür
nun aber seine Frau krank war, schrieb er ebenso erbost wie
besorgt an Engels,»daß sie den Doktor nicht konsultieren will,
sondern sich selbst Medizin administriert. … Wenn die Sache
sich nicht bessert, werde ich schließlich mit Gewalt durchgrei-
fen.«Umgekehrt fürchtete Jenny, dass Karl durch das Ausmaß
und die Intensität seines Arbeitens Raubbau an seiner Gesundheit betreibe. Sie machte ihm, wie Liebknecht sich erinnert, immer wieder»die ernstesten Vorstellungen«. Im Januar
1870 schreibt sie Engels halb verzweifelt, halb resigniert, dass
sie ohnmächtig sei, an Karls Lebensweise etwas zu ändern.
»Wie oft habe ich Sie, lieber Herr Engels, seit Jahren im stillen
hierher gewünscht!! Manches wäre anders.« Die Erfüllung
dieses Wunsches sollte nicht mehr lange auf sich warten lassen. Einige Monate später, im September 1870, konnte Engels
endlich seine Arbeit in Manchester an den Nagel hängen und
nach London übersiedeln. Fortan lebte er nur noch ein paar
Gehminuten vom marxschen Haus entfernt. Sicher ist es auch
seinem Einfluss zuzuschreiben, dass man Marx in den Folgejahren dazu bewegen konnte, sich längere Kuraufenthalte zu
gönnen – so zwischen 1874 und 1876 dreimal in Karlsbad.

»Es ist mir immer so gewesen, als wenn dies verdammte Buch, an dem Du so lange getragen hast, der Grundkern von allem Deinem Pech war und Du nie herauskommen würdest und könntest, solange dies nicht abgeschüttelt. Dies ewig unfertige Ding drückte Dich körperlich, geistig und finanziell zu Boden« – so Friedrich Engels an Karl Marx am 27. April 1867. Bei dem »verdammten Buch«, über das Engels flucht und das letztlich doch nur dank seiner unermüdlichen und großherzigen Unterstützung zustande kommen konnte, handelt es sich um das im September desselben Jahres in Hamburg erscheinende *Kapital*. Marx hat nur den ersten Band fertiggestellt und veröffentlicht. Der Arbeitsprozess hat einen sehr langen Zeitraum in Anspruch genommen, gut anderthalb Jahrzehnte. Unterwegs hat Marx immer wieder angekündigt, dass er nun bald mit seinem Werk zurande kommen und es herausbringen werde, doch stets mussten er selbst und die wenigen, die darauf hofften, sich eines anderen belehren lassen.

Es gibt keinen Grund, sich über diese beinah unendliche Entstehungsgeschichte zu mokieren. Ein größeres wissenschaftliches Werk zu vollenden, ist in der Regel ein überaus strapaziöser, oft qualvoller Prozess. Erst recht ist es das, wenn es sich nicht um guten wissenschaftlichen Durchschnitt, sondern um ein Meisterwerk von epochaler Bedeutung handelt. Allein die Dimension des Stoffs, den Marx erarbeitet und verarbeitet hat, aber letztlich nicht bändigen konnte, hat titanenhafte Ausmaße.

Nach Marx' Tod gab Engels aus dem Nachlass den zweiten und dritten Band des *Kapitals* heraus, Karl Kautsky editierte vier Bände *Theorien über den Mehrwert*, und viele Jahre später (1939–1941) wurden die 1857/58 entstandenen, voluminösen *Grundrisse der Kritik der Politischen Ökonomie* veröffentlicht. Bedenkt man, dass Marx im gleichen Zeitraum unzählige andere Arbeiten publizierte und seit 1864 an der Spitze der Internationalen Arbeiter-Assoziation stand, berücksichtigt man zudem seine äußerst unvorteilhaften Lebens- und Arbeitsbedingungen, kann man sich eigentlich nicht mehr ernstlich fragen, warum die Sache mit dem *Kapital* so lange gedauert hat, sondern eher, wie und warum unter diesen Bedingungen eine solche Arbeitsleistung überhaupt möglich war.

Es gibt wohl nur wenige Autoren, die während der Entstehungsphase eines bedeutenden Buches nicht immer wieder von Selbstzweifeln geplagt werden und von der Furcht, sie könnten scheitern, sich als unfähig erweisen, das Vorhaben zu einem guten Ende zu führen. Marx bildet da ganz gewiss keine Ausnahme. Es gehört zu Jennys bedeutendsten Leistungen, ihm auf dem dornenreichen Weg unbeirrt zur Seite gestanden zu haben und auch dann nicht an ihm verzweifelt zu sein, wenn er sich – psychologisch verständlich – eine »Auszeit« vom Studium der politischen Ökonomie genommen und in eher überflüssige Projekte gestürzt hat, wie etwa die 1860 erschienene Streitschrift *Herr Vogt*.

Jenny hat – man darf es so pathetisch formulieren – an ihren Mann und sein großes Werk geglaubt. Außer ihr und Friedrich Engels hat es nur sehr wenige Menschen gegeben, die angemessen zu würdigen wussten, woran Marx arbeitete und unter welch schwierigen Bedingungen er das tat. Weil er diesen Zusammenhang sehr genau erfasst hatte, schätzte

Jenny zum Beispiel Marx' Freund Louis Kugelmann. Er sei jemand, schrieb sie 1863, »der meinen Mann so hoch hält und der begreift, welch' ganz außergewöhnliche Verhältnisse auf uns lasten und welcher außerordentlichen Absorption es bedarf, um inmitten aller der Kämpfe und Sorgen und Entbehrungen eine theoretische Arbeit zu vollenden, wie die, welche jetzt hoffentlich in nicht zu langer Zeit das Licht der Welt erblicken wird.«

Auch Jenny mag gelegentlich unsicher gewesen sein, ob ihr Mann letztlich den langen Atem haben werde, doch gesagt hat sie ihm davon vermutlich nichts. Erst 1866, als der erste Band Gestalt annimmt, macht sie gegenüber Ernestine Liebknecht Andeutungen: »Ich kann Ihnen nicht beschreiben, mit welcher stillen Genugtuung ich, nach so vielen, bangen, fast hoffnungslosen Sehnen, das Manuskript stolz zu großem Umfange heranwachsen sah.« An Weihnachten desselben Jahres ist es fast vollbracht, und in ihrem Brief an Engels zeigt sich Jenny in Hochstimmung: »Es ist eine Freude, das Manuskript so hoch aufgespeichert und abgeschrieben daliegen zu sehen. Mir ist eine Riesenlast damit vom Herzen gewälzt.« Und genau ein Jahr später, an Weihnachten 1867, als das Buch auf dem Markt ist, aber zunächst nicht das erhoffte Interesse findet, blickt sie in einem Brief an Kugelmann auf die Entstehungsgeschichte zurück. »Sie können mir glauben, lieber Herr Kugelmann, daß wohl selten ein Buch unter schwierigeren Umständen geschrieben worden ist, und ich könnte wohl eine geheime Geschichte dazu schreiben, die viel, unendlich viel stille Sorgen und Angst und Qualen aufdecken würde. Wenn die Arbeiter eine Ahnung von der Aufopferung hätten, die nötig war, dies Werk, das nur für sie und in ihrem Interesse geschrieben ist, zu vollenden, so würden sie vielleicht etwas mehr Interesse zeigen.«

Nachdem der erste Band publiziert war, beanspruchte nicht nur die Fortsetzung des Werks Marx' Arbeitskraft, er hatte auch mit den Korrekturen für die zweite Auflage und mit der Vorbereitung einer französischen Ausgabe zu tun; obwohl für diese ein renommierter Übersetzer gefunden werden konnte, war Marx mit dessen Arbeit unzufrieden. »Bei der Revision der französischen Übersetzung habe ich mehr Arbeit, als wenn ich die ganze Übersetzung selbst gemacht hätte«, ärgerte er sich im Februar 1873. Tochter Jenny berichtet aus dieser Zeit, dass er wieder jede Nacht bis zwei oder drei Uhr am Schreibtisch sitze.

Marx selbst schrieb über seine Arbeitsüberlastung in jener Zeit an Kugelmann: »Bedenke, mon cher, daß, wenn der Tag 48 Stunden hätte, ich seit Monaten immer noch nicht mit meinem Tagwerk fertig geworden wäre.« Auch jetzt zwingen ihn gesundheitliche Probleme oft zu Unterbrechungen seiner Arbeit. Jenny leidet dann mit ihrem Mann – und findet Kraft zur Empörung über das so ungerechte Schicksal. »Die Faulenzer und Nichtstuer haben Kies in den Taschen und Gesundheit in den Knochen«, schreibt sie Johann Philipp Becker 1868 nach Genf, »und die Leute, die der neuen Welt angehören, mit Leib und Leben schon für die eingestanden haben, sind krank – arm und so gehörig mit ›handcuffs‹ versehen. ›Shame, Shame‹, wie die Engländer bei den Meetings rufen.«

Jenny Marx hatte einen wesentlichen Anteil am wissenschaftlichen und publizistischen Werk ihres Mannes. Wer

Urteile über die Ehe der beiden fällt, sollte das nicht vergessen. Marx hatte beabsichtigt, seiner Frau den zweiten und dritten Band des *Kapitals* zu widmen. Er wusste, warum. Und Engels, der den Wunsch seines Freundes schließlich erfüllte, wusste es auch.

Ein Ereignis im Frühsommer 1851

»Es ist eine merkwürdige Tatsache«, schreibt Friedrich Engels 1883, »daß mit jeder großen revolutionären Bewegung die Frage der ›freien Liebe‹ in den Vordergrund tritt: bei einem Teil der Menschen als ein revolutionärer Fortschritt, als ein Abwerfen nicht mehr notwendiger, alter traditioneller Fesseln, bei anderen als eine willkommene Lehre, die bequemerweise alle Arten zügelloser Handlungen zwischen Mann und Frau deckt.«

Das Thema der »freien Liebe« spielte auch in der kleinen Brüsseler Emigrantenkolonie der Jahre 1845 bis 1848 eine Rolle – nicht nur theoretisch, auch praktisch. Bei einigen Mitgliedern der dort ansässigen (und nicht immer so ganz einträchtigen) »Großfamilie« herrschte eine gewisse Libertinage. Auch von einer Pluralität der Lebensstile könnte man sprechen. So lebten Moses Heß samt Lebensgefährtin und Engels mit seiner Mary Burns gleichsam Tür an Tür mit dem eher konventionell orientierten Ehepaar Marx.

Jenny und Karl Marx hatten jahrelang um ihre Ehe kämpfen müssen; vermutlich fiel es ihnen daher nicht so leicht zu verstehen, warum andere Paare auf den Trauschein keinen Wert legten. Die Vorbehalte Jennys (und in geringerem Maße auch Karls) gegen die Beziehung zwischen Engels und Mary Burns finden hier ihre Erklärung. Das schließt »Lernprozesse« nicht aus: Als Engels nach dem Tod Marys eine Beziehung mit deren Schwester Lydia einging, entwickelte Jenny zu dieser neuen Lebensgefährtin ein herzliches und freundschaftliches Verhältnis. Auch lässt sich aus der klaren Entscheidung für ein monogames Leben nicht auf eine konservative, gar verklemmte Sexualmoral schließen. Nachdem Jenny 1841 – während ihrer Brautzeit – wohl erstmals mit Karl geschlafen hat und ihre Mutter sie zeitgleich stetig ermahnt, »nur äußern und innern Anstand zu beobachten« (und sogar Bruder Edgar als Aufpasser engagiert), reagiert sie in einem Brief an ihren Liebsten sichtlich enerviert: »Ach, Herzchen, wie mir da alles zentnerschwer auf die Seele fiel! Äußerer und innerer Anstand!! – ach, mein Karl, mein süßer einziger Karl!«

Auch Eleanor Marx hat rückblickend bestritten, ihre Eltern seien einer bornierten Kleinbürgermoral verhaftet gewesen. Wenn zum Beispiel Engels von Zeit zu Zeit mit ungewöhnlichen Frauenbekanntschaften auftauchte, dann, so die Tochter, »amüsierte das meine Mutter nur, die einen guten Sinn für Humor hatte und absolut keinen für die heuchlerischen ›Anstandsregeln‹ der Mittelklasse«.

Das ist glaubhaft, auch wenn Jenny zweifellos großen Wert auf eine »Kultur der Formen« legte. Dazu gehörte, Privates möglichst auch im privaten Raum zu belassen, es nicht auf den offenen Markt zu tragen oder auch bestimmte Dinge nicht an Kinderohren gelangen zu lassen. Diese Haltung Jennys teilte Liebknecht zufolge auch ihr Mann. »Rührend und zu gleicher Zeit manchmal komisch war es, wie Marx ... in Gegenwart von Kindern und Frauen sich mit einer Zartheit ausdrückte, um die eine englische Governess ihn hätte beneiden können. Wenn das Gespräch dann auf ein heikles Thema kam, dann geriet er in nervöse Aufregung, rutschte verlegen auf dem Stuhl hin und her und konnte rot werden wie ein sechsjähriges Mädchen.«

Jenny wiederum, so Liebknecht, scheint ihre disziplinierende Wirkung auf die manchmal etwas raubeinigen Exilkumpane ihres Mannes nicht durch strenge Ermahnungen oder Zurechtweisungen erzielt zu haben, sondern allein durch ihre Präsenz und Ausstrahlung: »Sie hatte einen Blick, der uns das Wort auf der Zunge gefrieren ließ, wenn sich ein Anflug von Keckheit bemerklich machte.

Frau Marx hatte über uns vielleicht eine noch größere Herrschaft als Marx selbst. ›Diese Würde, diese Höhe‹, die zwar nicht die Vertraulichkeit, aber jede Ungehörigkeit, alles nicht Schickliche fernhielt, wirkte mit Zaubergewalt auf uns wilde, zum Teil sogar ein bißchen verwilderte Gesellen.« Und an anderer Stelle: »Frau Marx war die erste Frau, durch welche ich die erzieherische Kraft und Macht der Frauen erkennen lernte.«

Wie schon an früherer Stelle angedeutet: Karl und Jenny Marx verfolgten das Ideal einer freien und offenen, gleichberechtigten, nicht patriarchalischen Partnerschaft – dies allerdings in der traditionellen Form der Ehe, zu der für sie ganz selbstverständlich auch Kinder gehörten. Diese Entscheidung hat zumindest Marx auch nach außen vertreten. So kommentiert er in einem Beitrag für die *Rheinische Zeitung* vom 19. Dezember 1842, also wenige Monate vor seiner Hochzeit, einen seinerzeit vorgelegten Gesetzentwurf zur Ehescheidung mit erstaunlicher Rigorosität: »Sie denken nur an die zwei Individuen, sie vergessen die Familie, sie vergessen, daß beinahe jede Ehescheidung eine Familienscheidung ist und, selbst rein juristisch betrachtet, die Kinder und ihr Vermögen nicht von dem willkürlichen Belieben und seinen Einfällen abhängig gemacht werden können. ... Niemand wird gezwungen, eine Ehe zu schließen; aber jeder muß gezwungen werden, sobald er eine Ehe schließt, sich zum Gehorsam gegen die Gesetze der Ehe zu entschließen.« Nur knapp acht Jahre später wird Karl Marx den hier formulierten Maximen – im Wortsinn – untreu.

In ihrer autobiografischen Skizze »Kurze Umrisse eines bewegten Lebens«, die Jenny Mitte der 1860er-Jahre verfasst hat, die aber erst 1956 veröffentlicht wurde, findet sich ein ominöser Satz, der zunächst einige Rätsel aufgegeben hat. »In den Frühsommer des Jahres 1851 fällt noch ein Ereignis, welches ich nicht näher berühren will, das aber sehr zur Vermehrung unsrer äußren und innren Sorgen beitrug.«

Das Ereignis, von dem Jenny spricht, scheint nur auf den ersten Blick ein freudiges. Im Juni 1851 bringt Lenchen Demuth einen gesunden Jungen zur Welt. Heute geht die Marx-Forschung fast unisono davon aus, dass Karl Marx der Vater des Kindes war. Freund Engels übernahm offenbar in einem Freundschaftsdienst der besonderen Art die Vaterschaft, der uneheliche Sohn wurde zu Pflegeeltern gegeben, einer Londoner Familie namens Lewis. Frederick (Freddy) Demuth erlernte später den Beruf des Maschinenschlossers, war aktives Gewerkschaftsmitglied, heiratete 1873, wurde zwanzig Jahre später geschieden, hatte einen Adoptivsohn. Er starb 1929. Als seine Mutter noch im Hause Marx lebte, hat er sie wahrscheinlich sporadisch, wenn auch nur sehr dezent, besucht. Nach dem Tod von Marx trat Lenchen als Haushälterin in die Dienste von Friedrich Engels (sieben Jahre lang, bis zu ihrem Tod 1890). In dieser Zeit hat Frederick seine Mutter viel öfter sehen können und pflegte auch ein freundschaftliches Verhältnis zu Engels. Die Frage, ob er je erfahren hat, wer sein Vater war, lässt sich nicht eindeutig beantworten. Zwei Dokumente, die nach dem Ende der Sowjetunion aus einem dortigen Archiv aufgetaucht sind, geben widersprüchliche Auskünfte. In einem Brief aus dem Jahr 1912 (gerichtet an den Marx-Enkel Jean Longuet) schreibt Frederick, dass er im Laufe der Zeit immer mehr zu der Überzeugung gelangt sei, der Sohn von Karl Marx zu sein. Doch hat ihm dies – trotz diverser Nachfragen – offenbar keine der in die Sache eingeweihten Personen je positiv bestätigt. Absolute Gewissheit hat er also vermutlich bis an sein Lebensende nicht gefunden. Clara Zetkin hingegen will sich erinnern, dass Eleanor Marx, die in ihren letzten Lebensjahren eng mit Frederick befreundet war, ihn 1896 in London ganz offen als ihren Halbbruder vorgestellt hat.

In sozialistischen Kreisen ist schon sehr früh über einen möglichen unehelichen Sohn von Marx getuschelt und spekuliert worden, doch nur wenige wussten Genaueres. Die breite Öffentlichkeit erfuhr davon erst aus der 1962 veröffentlichten Marx-Studie des Historikers Werner Blumenberg. Darin zitiert er aus einem Brief, den eine gewisse Louise Freyberger 1898 an den sozialdemokratischen Parteivorsitzenden August Bebel geschrieben hat und in dem sie die Vaterschaft von Marx explizit behauptet. Louise Freyberger war die geschiedene

Frau des sozialdemokratischen Theoretikers Karl Kautsky. Friedrich Engels, der Louise kannte und schätzte, verübelte seinem Freund Kautsky die Trennung von dieser Frau sehr – obwohl er sonst in Liebes- und Eheangelegenheiten überaus tolerant war. Nach dem Tod Lenchen Demuths engagierte Engels die damals in Wien lebende Louise als Nachfolgerin. Den Führern der deutsch-österreichischen Sozialdemokratie war das nur recht; mit Louise hatten sie eine Vertraute in Engels' unmittelbarer Nähe. Sie erhofften sich von ihr, dass sie Engels dazu bringen würde, möglichst große Teile des Marx-Nachlasses der deutschen Partei zu vermachen. Dieser eher geheimen Mission hat sich Louise sicher zur vollen Zufriedenheit ihrer Auftraggeber entledigt. Sie hat aber auch nicht schlecht für sich selbst gesorgt. 1894 heiratete sie erneut, und zwar den Arzt Ludwig Freyberger. Das Paar ließ sich im Hause von Engels nieder und brachte ihn sogar dazu, auf seine alten Tage noch einmal umzuziehen, in eine größere Wohnung. Als Engels 1895 starb und es ans Erben ging, hatten die Freybergers keinerlei Grund, sich über ihren Anteil zu beklagen.

Frederick Demuth und Eleanor Marx hatten übrigens beide den Eindruck, dass sich die Verhältnisse bei Engels nach dem Eintritt Louise Freybergers und ihres Mannes deutlich zum Schlechteren veränderten. Eleanor vermutete, Engels werde von seinen neuen Hausgenossen zunehmend manipuliert und entmündigt. Sie hielt die Freybergers für intrigant und war überzeugt, dass sie gezielt Gerüchte und Fehlinformationen in die Welt setzten. Insbesondere fürchtete sie, dass infolge solcher Machenschaften der Nachlass ihres Vaters (oder ein wichtiger Teil davon) ihrer Obhut entzogen werden könnte. Auch Frederick nahm die atmosphärischen Veränderungen sehr genau wahr; er argwöhnte, dass die Freybergers alles daran setzten, ihn vom engelsschen Erbe auszuschließen. Und in der Tat ging Frederick Demuth, als 1895 das Testament eröffnet wurde, leer aus. Ein Vorgang, der schwer begreiflich ist – angesichts der Tatsache, dass Engels die Marx-Töchter und -Enkel großzügig bedacht hatte und selbstverständlich ebenso großzügig für Fredericks Mutter gesorgt hätte, wäre sie noch am Leben gewesen.

Nun aber zu den wesentlichen Passagen des Briefes der Louise Freyberger vom 2./4. September 1898 an den sozialdemokratischen Parteivorsitzenden August Bebel, in dem sie sich über die Herkunft Frederick Demuths und über die Ehe von Jenny und Karl Marx äußert.

»Daß Freddy Demuth Marx' Sohn ist, weiß ich von General [Engels' Spitzname] selbst. Tussy [Eleanor Marx' Spitzname] hat mir so zugesetzt, daß ich den Alten direkt fragte. General war sehr erstaunt, daß Tussy so hartnäckig an ihrem Glauben festhielt, und gab mir damals schon das Recht, im Falle der Notwendigkeit dem Geklatsche, daß er seinen Sohn verleugnet, entgegenzutreten. Du wirst Dich erinnern, daß ich Dir die Mitteilung schon lange vor Generals Tod machte. Daß Frederick Demuth der Sohn von Karl Marx und Helene Demuth ist, hat ferner General noch einige Tage vor seinem Tode Mr. Moore [Samuel Moore, Sozialist, langjähriger Freund und Testamentsvollstrecker Engels'] bestätigt, der hierauf zu Tussy nach Orpington fuhr und ihr es sagte. Tussy behauptete, daß General lüge und daß er stets selbst gesagt habe, er sei der Vater. Moore kam von Orpington zurück, fragte General nochmals eindringlich, aber der alte Mann blieb bei seiner Behauptung, daß Freddy der Sohn Marx' sei, und sagte zu Moore: Tussy wants to make an idol of her father. Sonntag, also den Tag vor seinem Tode, hat es General der Tussy selbst auf die Schiefertafel geschrieben, und Tussy kam so erschüttert heraus, daß sie all ihren Haß gegen mich vergaß und an meinem Halse bitterlich weinte. General ermächtigte uns (Mr. Moore, Ludwig [Freyberger] und mich), nur dann von der Mitteilung Gebrauch zu machen, wenn er der Schäbigkeit gegen Freddy geziehen werden sollte; er sagte, er wolle seinen Namen nicht beschimpft haben, zudem wo es gar niemandem mehr nütze. Sein Eintreten für Marx hat letzteren vor einem schweren häuslichen Konflikt bewahrt. ... Freddy sieht Marx lächerlich ähnlich, und es gehörte wirklich nur blindes Vorurteil dazu, in dem direkt jüdischen Gesichte mit dem vollen blauschwarzen Haar irgendeine Ähnlichkeit mit General zu wittern. Ich habe den Marxschen Brief gesehen, den er damals an General nach Manchester schrieb ..., aber ich glaube, General hat diesen Brief und wie so viele andere Wechselbriefe vertilgt. ... Freddy hat nie, weder von seiner Mutter noch von General, erfahren, wer sein Vater ist. ... Für Marx stand die Scheidung von seiner Frau, die furchtbar eifersüchtig war, immer vor seinen Augen. ...« An einer anderen Stelle des Briefes findet sich noch folgende Aussage, die für unsere Erörterung von besonderer Bedeutung ist: »Daß Frau Marx einmal ihrem Mann von London durchbrannte und nach Deutschland ging und daß Marx und seine Frau für lange Jahre nicht zusammen schliefen, hat Tussy sehr wohl gewußt, aber es paßte ihr nicht, den rechten Grund dafür anzugeben; sie vergötterte ihren Vater und dichtete die schönsten Legenden.«

Über die Echtheit des Briefes von Louise Freyberger wurde unter Marx-Forschern lange Zeit gestritten. Zweifel knüpften sich vor allem an den Umstand, dass er nicht im Original vorlag, sondern nur in einer später angefertigten maschinenschriftlichen Version. Zumindest *diese* Zweifel sind vom Tisch, denn zwischenzeitlich aufgefundene Briefe August Bebels belegen, dass er Freybergers Schreiben tatsächlich erhalten hat; auch der Hinweis Freybergers, dass sie bereits zu Engels' Lebzeiten entsprechende Mitteilungen gemacht habe, wird in einem Bebel-Brief bestätigt.

Das bedeutet selbstverständlich noch nicht, dass auch sämtliche in dem Brief gemachten Aussagen den Tatsachen entsprechen. Selbst Bebel hatte sich gegenüber Freyberger eine gewisse Skepsis bewahrt und sprach von ihrer »Fähigkeit, sich ein Phantasiebild zu machen«. Es würde hier zu weit führen, den Brief nun genauer unter die Lupe zu nehmen und sämtliche Fragwürdigkeiten, Übertreibungen und Unklarheiten aufzulisten. Sie reichen von der Behauptung, Frederick habe Marx »lächerlich ähnlich« gesehen (das darf inzwischen wohl als widerlegt gelten), bis hin zu immanenten Widersprüchen in Bezug auf Eleanor: So behauptet Freyberger einerseits, Eleanor habe sehr wohl Bescheid gewusst über den zeitweilig miserablen Zustand der Ehe ihrer Eltern, es habe ihr aber nicht gepasst, »den rechten Grund dafür anzugeben« – soll heißen: den Ehebruch ihres Vaters und den unehelichen Sohn. Jedoch: Wenn Eleanor tatsächlich dieses Wissen besessen hätte, wäre völlig unklar, weshalb sie – wie Freyberger ja ebenfalls schildert – derart schockiert über entsprechende Mitteilungen Engels' gewesen sein sollte (die ihr ja dann längst bekannt gewesen wären).

Die wahrscheinlichste Variante ist wohl die: Die Kernaussage in Freybergers Brief – Marx sei der Vater von Frederick Demuth – trifft zu und ist seither durch weitere Indizien erhärtet worden. Viele andere, diese Kernaussage begleitende Mitteilungen erscheinen hingegen stark dramatisiert, fragwürdig, widersprüchlich oder gänzlich erfunden.

Damit können wir nun zur eigentlich interessanten Frage kommen. Sie lautet: Hat Jenny Marx die ganze Wahrheit gekannt und, wenn ja, wie ist sie damit umgegangen – also: welche Konsequenzen hat sie aus der Affäre für ihre Ehe, für ihre Beziehung zu Karl Marx, aber auch für ihre Beziehung zu Lenchen Demuth gezogen?

In manchem Versuch, den folgenschweren Ehebruch zu erklären, seine möglichen Gründe und Begleitumstände zu rekonstruieren, wird auf die im Jahr 1850 besonders desolaten Zustände in der kleinen marxschen Wohnung verwiesen. Es ging dort damals drunter und drüber, man war in Not, enttäuscht, verbittert, verzweifelt, es flossen Tränen, die Nerven lagen blank, es gab hysterische Ausbrüche und wechselseitige Vorwürfe, sicherlich auch offenen Streit.

Sollte Jenny schon 1851 »die Wahrheit« erfahren haben, so dürften diese »Erklärungsfaktoren« für sie allerdings zunächst kaum von Bedeutung gewesen sein. Für Jenny war der Vorfall ganz zweifellos ein namenloser Schock, und zwar in doppelter Hinsicht: Denn es war ja nicht nur ihr innig geliebter Mann, von dem sie doch sicher annehmen durfte, dass er in Fragen der Liebe, der ehelichen Treue, der Familie mit ihr in völligem Gleichklang lebte, und der ihr nun eine so ungeheure, kaum erträgliche Kränkung zugefügt hatte. Fast ebenso groß muss sie die Demütigung durch Lenchen Demuth empfunden haben, jene sechs Jahre jüngere Frau, die sie schon von Trier her so gut kannte, die ihr eine Freundin war, die sich in ihrer Liebe und Treue zur gesamten Familie von niemandem übertreffen ließ und ja auch wie ein Mitglied der Familie behandelt wurde, die zudem keineswegs als leichtfertig galt, sondern als resolut, charakterfest und selbstbewusst.

Aber: Hat Jenny denn »die Wahrheit« überhaupt gekannt? Wir wissen es nicht, können nur begründet spekulieren. Auch zu dieser Frage liefert Louise Freyberger unklare Angaben. Einerseits sagt sie, dass die Komplizenschaft zwischen Engels und Marx dem Zweck gedient habe, Letzteren vor einem schweren häuslichen Konflikt zu bewahren und das ihm immer vor Augen stehende Schreckgespenst der Scheidung zu vertreiben. Dies würde darauf hindeuten, dass man die »furchtbar eifersüchtige« Jenny nicht mit der Wahrheit konfrontiert hat. Andererseits behauptet Freyberger jedoch, dass Jenny den ehelichen Verkehr mit ihrem Mann zumindest zeitweise eingestellt habe und ihm einmal sogar nach Deutschland »durchgebrannt« sei. Dies spräche dafür, dass sie über alles im Bilde war.

Was die erste Version – also die »Ahnungslosigkeit« – angeht, so findet sie eine gewisse Unterstützung in der bemerkenswerten Tatsache, dass sich in der gesamten schriftlichen Hinterlassenschaft Jennys keine einzige Äußerung findet, die auf eine ernste Trübung ihres Verhältnisses zu Karl Marx schließen lässt. Auf der anderen Seite kann man sich nur schwer vorstellen, dass eine so intelligente, lebenskluge und sensible Frau wie Jenny Marx sich so hat hinters Licht führen lassen. Auch wäre dann nur schwer verständlich, warum in dem sonst so offenen und gastfreundlichen Hause Marx ein eher verkrampfter Umgang mit dem nur sehr sporadisch einkehrenden Freddy Demuth geherrscht hat – war dieser doch angeblich nur das Ergebnis einer kurzen Liaison zwischen der Haushälterin und Hausfreund Engels. …

Nein, da ist die zweite Version plausibler. Allerdings ist mit ihr untrennbar die Frage verknüpft, wann genau denn Jenny die Wahrheit erfahren hat. Darüber sind viele Mutmaßungen angestellt worden. Oft wird angenommen, dass dies erst einige Jahre später, vermutlich in den 1860er-Jahren, geschehen sei. Nur darum, sagt man, hat Jenny sich nicht scheiden lassen, ist sie sogar noch zweimal schwanger geworden, pflegt weiterhin ein ungetrübtes Verhältnis zu Lenchen. Als man ihr dann endlich alles sagt, ist es für sichtbare Konsequenzen zu spät. Nach außen bleibt sie zwar loyal, doch nach innen sanktioniert sie das Verhalten ihres Mannes: unter anderem dadurch, dass sie ihm den ehelichen Verkehr verweigert.

Damit ist zwar eine Behauptung Freybergers – dass Marx und Jenny jahrelang nicht miteinander geschlafen hätten – untergebracht, doch es fehlt noch die andere: dass Jenny nach Deutschland durchgebrannt sei. Bezieht man diese Mitteilung Freybergers ein, stößt man freilich auf einen anderen Zeitraum, nämlich die erste Hälfte der 1850er-Jahre. Damals, im Jahr 1854, hat Jenny tatsächlich eine Reise nach Trier unternommen – allein. Über diese Reise ist so gut wie nichts bekannt, außer der Tatsache, dass sie stattgefunden hat. In der sowjetmarxistisch geprägten Literatur wurde sie zuweilen einfach unterschlagen oder allenfalls in einem Nebensatz erwähnt – vermutlich, weil man ahnte, welchen Grund sie hatte. Von einem »Durchbrennen«, wie Freyberger meint, oder einer »Flucht«, wie ebenfalls behauptet wurde, kann allerdings wohl keine Rede sein. Denn die Fahrt wurde über Wochen vorbereitet. Alles begann damit, dass die erkrankte Jenny wieder einmal keinen Arzt konsultieren wollte. Am 13. Juni 1854 schreibt Marx an Engels: »Meine Frau liegt zu Bette. Ich setzte es endlich gestern durch, den Dr. Freund zu zitieren. Sobald sie irgendwie dazu kapabel ist, will er, daß sie nach Deutschland reist, was mit dem Verlangen meiner Schwiegermutter übereinstimmt und bisher nur an Finanzverhältnissen gescheitert ist, aber doch ins Werk gesetzt werden muß.« Am 21. Juni heißt es: »Ende dieser Woche, wenn meine Frau sich stark genug fühlt, wird sie mit den Kindern und Lenchen auf zwei Wochen in der Villa des Herrn Seiler, Edmonton, zubringen. Sie ist dann durch die Landluft vielleicht so weit hergestellt, um nach Trier zu können.« Am 7. Juli berichtet Marx »von großem Haustrouble, da meine Frau morgen nach Trier reist, was ins Werk zu setzen namenlose Anstrengungen verursacht«. Vor allem natürlich solche finanzieller Art, von denen Marx seinem Freund am 22. Juli, als sich seine Frau schon seit zwei Wochen an der Mosel aufhält, berichtet: »... ungefähr 8 £ brauchte ich zur Reise meiner Frau, die nicht länger aufzuschieben war und allerlei neue Equipierung nötig machte, da sie natürlich nicht abgerissen nach Trier konnte.« Gut einen Monat später, am 26. August, meldet Marx nach Manchester: »Meine Frau ist Mittwoch zurückgekommen, sehr wohl. Im Vaterland soll alles Trübsal blasen von wegen ›die unsichern Verhältnisse‹.«

Unter den wenigen Deutschlandreisen, die Jenny während ihrer Londoner Zeit unternommen hat, ist dies die einzige, die der von Freyberger erwähnten entsprechen könnte. Auch wenn es sich nicht um ein »Durchbrennen« oder eine »Flucht« handelte, spricht doch vieles dafür, dass die Reise, allgemein und vorsichtig ausgedrückt, mit ehelichen Problemen zu tun hatte – nicht zuletzt die Tatsache, dass Jenny allein, ohne ihre Kinder, fuhr. In ihrer autobiografischen Skizze lässt sie die Reise übrigens unerwähnt, was aber auch auf einen Textverlust an der entsprechenden Stelle zurückzuführen sein könnte.

Verknüpft man nun den Zeitpunkt dieser Trier-Reise nochmals mit dem zweiten von Freyberger genannten Faktor, dem Abbruch der sexuellen Beziehungen zwischen Jenny und Karl, wird man ebenfalls in der ersten Hälfte der 1850er-Jahre fündig. Das Ergebnis sieht so aus: Seit ihrer Hochzeit 1843 hat Jenny in relativ kurzer Folge Kinder zur Welt gebracht: 1844, 1845, 1847, 1849, 1851. Danach – also nach der Geburt Franziskas im März 1851 (der wenige Wochen später die Geburt Frederick Demuths folgte) – tritt eine bemerkenswerte »Pause« ein. Erst Anfang 1855 bringt Jenny wieder ein Kind zur Welt, Eleanor. Daraus könnte man schließen, dass es zwischen 1851 und 1854 zu einer Unterbrechung der Beziehungen gekommen ist, die ursächlich mit der Geburt des unehelichen Kindes von Karl Marx und Lenchen Demuth zusammenhing und also Ausdruck einer Ehekrise war. Dass Jenny in jener Zeit auch den Wunsch verspürte, Distanz zu alledem zu gewinnen, um sich über ihre Gefühle zu Karl und Lenchen klar zu werden, sich vielleicht auch mit ihrer Mutter darüber auszusprechen, wäre nur zu verständlich. Die Trier-Reise könnte man dann nicht nur allgemein mit Eheproblemen in Verbindung bringen, sondern konkret als Ausdruck einer spezifischen Ehekrise deuten, deren Ursache im Ehebruch des Jahres 1850 und in der Geburt des unehelichen Kindes 1851 lag. Vielleicht kann man sie auch schon als Ausläufer oder sogar als Abschluss der Krise deuten, denn als Jenny ihre Reise antrat, war sie bereits wieder schwanger.

Selbstverständlich sind auch andere Erklärungen möglich. Dass es erst 1855 wieder zu einer Geburt gekommen ist, könnte auch die Folge des frühen Todes der beiden Kinder Heinrich Guido und Franziska gewesen sein. Ebenso ist denkbar, dass es auch zu späteren Zeitpunkten zu einem vorübergehenden Abbruch der sexuellen Beziehungen gekommen ist. Man könnte dies zum Beispiel für die Zeit nach 1857 vermuten, als beide Partner nach der furchtbaren Erfahrung der faktischen Totgeburt sicherlich das Risiko einer weiteren Schwangerschaft ausschließen wollten. Auch die schweren akuten und chronischen Krankheiten der beiden könnten eine entsprechende Wirkung gehabt haben. Entscheidend ist jedoch: Lediglich in der Zeit zwischen 1851 und 1854 können die beiden von Freyberger genannten Faktoren – Deutschlandreise und Abbruch der sexuellen Beziehungen – zusammengefallen sein, und nur in dieser Lebensphase von Jenny und Karl Marx lassen sich die beiden Faktoren plausibel mit einer Ehekrise in Verbindung bringen.

Sollte diese Interpretation zutreffen, hätte sie für die Beurteilung des Verhältnisses zwischen Jenny und Karl Marx erhebliche Folgen. Sie würde bedeuten, dass Jenny zwar zunächst drastische Konsequenzen gezogen, aber nach einer gewissen Zeit offenbar die menschliche Größe aufgebracht hat, Karl und Lenchen ihre Verfehlung zu verzeihen. Vielleicht hat sie, wie es ihrer Veranlagung entsprach, sich selbst sogar eine Mitschuld am Ehebruch gegeben (man erinnere sich an den schon zitierten, selbstanklägerischen Brief, den sie Karl 1852 nach Manchester geschickt hat). Karl Marx, so wird oft gesagt, hätte eine Trennung von Jenny niemals verkraftet. Gewiss. Doch gilt das nicht auch umgekehrt? Was spricht dafür, dass Jenny eine Scheidung leichtergefallen wäre als ihrem Mann? Könnte sie nicht vielmehr befürchtet haben, dass Karls Affäre mit Lenchen der Anfang vom Ende ihrer Ehe sei, dass er sie nunmehr ganz verlasse? Hatte sie nicht schon in ihrer Verlobungszeit eine solche Eventualität mit einem »Tod ohne Auferstehung« gleichgesetzt?

Lebenslange Liebe

Im Sommer 1856 besucht Jenny, damals 42, mit ihrem Kinder-Kleeblatt zum letzten Mal ihre Mutter in Trier; gegen Ende des Besuches, wenige Tage nach ihrem 77. Geburtstag, stirbt die alte Frau. Karl hält sich derweil bei Friedrich Engels auf. Gegen Ende Juni trifft ein Brief aus Manchester ein.

»Mein Herzensliebchen.

Ich schreibe Dir wieder, weil ich allein bin und weil es mich geniert, immer im Kopf Dialoge mit Dir zu halten, ohne daß Du etwas davon weißt oder hörst oder mir antworten kannst. Schlecht, wie Dein Porträt ist, leistet es mir die besten Dienste, und ich begreife jetzt, wie selbst ›die schwarzen Madonnen‹, die schimpfiertesten Porträts der Mutter Gottes, unverwüstliche Verehrer finden konnten, und selbst mehr Verehrer als die guten Porträts. Jedenfalls ist keins dieser schwarzen Madonnenbilder je mehr geküßt und angeäugelt und adoriert worden als Dein Photograph, das zwar nicht schwarz ist, aber sauer, und durchaus Dein liebes, süßes, küßliches, ›dolce‹ Gesicht nicht widerspiegelt. ... Ich habe Dich leibhaftig vor mir, und ich trage Dich auf den Händen, und ich küsse Dich von Kopf bis Fuß, und ich falle vor Dir auf die Knie, und ich stöhne: ›Madame, ich liebe Sie.‹ Und ich liebe Sie in der Tat, mehr als der Mohr von Venedig je geliebt hat. ...

Momentane Abwesenheit ist gut, denn in der Gegenwart sehn sich die Dinge zu gleich, um sie zu unterscheiden. ... So ist es mit den Leidenschaften. Kleine Gewohnheiten, die durch die Nähe, mit der sie einem auf den Leib rücken, leidenschaftliche Form annehmen, verschwinden, sobald ihr unmittelbarer Gegenstand dem Auge entrückt ist. Große Leidenschaften, die durch die Nähe ihres Gegenstandes die Form von kleinen Gewohnheiten annehmen, wachsen und nehmen ihr naturgemäßes Maß wieder ein durch die Zauberwirkung der Ferne. So ist es mit meiner Liebe. ... Meine Liebe zu Dir, sobald Du entfernt bist, erscheint als was sie ist, als ein Riese, in die sich alle Energie meines Geistes und aller Charakter meines Herzens zusammendrängt. ...

Du wirst lächeln, mein süßes Herz, und fragen, wie ich auf einmal zu all der Rhetorik komme? Aber könnte ich Dein süßes weißes Herz ans Herz drücken, so würde ich schweigen und kein Wort sagen. Da ich nicht küssen kann mit den Lippen, muß ich mit der Zunge küssen und Worte machen. Ich könnte in der Tat sogar Verse machen und Ovids *Libri Tristium,* zu teutsch Bücher des Jammers, nachreimen. Er war bloß vom Kaiser Augustus verbannt. Ich aber bin von Dir verbannt, und das begriff Ovid nicht.

Es gibt in der Tat viele Frauenzimmer auf der Welt, und einige darunter sind schön. Aber wo finde ich ein Gesicht wieder, wo jeder Zug, selbst jede Falte die größten und süßesten Erinnerungen meines Lebens wieder erweckt? Selbst meine unendlichen Schmerzen, meine unersetzlichen Verluste lese ich in Deinem süßen Antlitz, und ich küsse mich weg über den Schmerz, wenn ich Dein süßes Gesicht küsse. ...

Ade mein süßes Herz. Ich küsse Dich viel tausendmal und die Kinder. Dein *Karl*«

Nicht nur Jenny war eine virtuose Briefschreiberin. Was Marx da in Manchester zu Papier gebracht hat (und das hier nur in einigen markanten Auszügen wiedergegeben wird), ist wohl eine der schönsten Liebesbekundungen, die eine zweiundvierzigjährige Frau nach dreizehn Ehejahren je erhalten hat.

Doch der Brief ist nicht nur schön, er ist bedeutsam. Nicht etwa deshalb, weil Marx hier, wie es den Anschein hat, in die naive Leidenschaftlichkeit, in den romantischen Überschwang der frühen Jahre zurückfällt. Wenn es nur das wäre, müsste man diesen Brief nicht weiter ernst nehmen, in ihm allenfalls eine in wohlgesetzten Worten vorgetragene Gefühlsaufwallung sehen und vermuten, dass der Autor sich alsbald wieder beruhigen und zur Tagesordnung übergehen werde. Nein, wer den vermeintlichen Gefühlsüberschwang des Briefes für das Wesentliche hält, bezeugt damit nur eine profunde Verständnis- und Ahnungslosigkeit.

Vielmehr handelt es sich um das großartige Dokument einer gereiften, bewussteren Liebe, die – nimmt man die Verlobungszeit hinzu – damals schon auf zwanzigjähriger, teils bitterer Erfahrung gründete. Wir erinnern uns der wunderbaren, »maßlosen« Liebesbeteuerungen, die Jenny von Westphalen und Karl Marx in ihren Anfängen ausgetauscht haben. Seinerzeit waren sie sich sicher, schon zu einer absoluten Einheit, zu einer Art Symbiose gefunden zu haben. Jenny träumte davon, Karl seine Hand zu ersetzen, ihm vollkommen unentbehrlich zu sein. Auch wenn solcher Überschwang gelegentlich durch die Befürchtung getrübt wurde, dass man sich möglicherweise einer Illusion hingebe: Beide wären damals –

zumindest in Worten – bereit gewesen, für den jeweils andern (oder gemeinsam) zu sterben.

Es dauerte nicht lange, da mussten auch Karl und Jenny Marx die Erfahrung machen, dass über das gemeinsame Glück nicht die Frage entscheidet, ob man bereit ist, zusammen zu sterben, sondern ob man bereit ist, zusammen zu leben. Im oft schwierigen Alltag entdeckten sie, dass der andere nicht so war, wie sie ihn bis dahin gesehen hatten; dass er sich anders verhielt, anders reagierte, als sie es erwartet hatten; dass er sich entwickelte und veränderte. Die beiden sahen sich Prüfungen ausgesetzt, von denen sie zeitweilig überfordert wurden. Sie begingen Fehler, Vertrauensbrüche, fügten sich seelische Verletzungen zu.

In unzähligen Romanen und Novellen wird diese Phase einer Beziehung als Verfallsprozess beschrieben, der von den großartigen Hoffnungen und Versprechen des Anfangs am Ende kaum noch etwas übrig lässt. Die Partner langweilen sich, öden sich an, entfremden sich, leben sich auseinander, trennen sich. Auch wenn sie zusammenbleiben, führen sie oft einen jahrelangen zänkischen Kleinkrieg oder leben desinteressiert nebeneinander her oder schaffen es vielleicht im Laufe der Zeit, sich zu arrangieren und »gute Freunde« zu werden. Mit der »Liebe« ist es in jedem Fall vorbei.

Ist es tatsächlich so? Der Soziologe Jacques Ellul hat in einem lesenswerten Essay über »Lebenslange Liebe«, in dem er zweifellos auch eigene Erfahrungen verarbeitet, überzeugend dargetan, dass in vielen, in sehr vielen Fällen keineswegs von einem Ende der Liebe gesprochen werden kann. Im Gegenteil, die »zweite Phase« einer Beziehung, in der die Liebe angeblich

»erkaltet« und die Partner »ernüchtern«, ist in Wahrheit eine Vertiefung. Kleine und große Krisen der Partnerschaft zwingen zu der Einsicht, dass die Einheit, die man bereits erreicht zu haben glaubte, noch in weiter Ferne liegt. Nach der von Leidenschaft und Überschwang gekennzeichneten Anfangsphase kommt eine Zeit, in der es Ellul zufolge gilt, sich der gemeinsamen Verantwortung zu stellen. Im Falle von Jenny und Karl Marx hieß das nicht lediglich, den oft profanen Alltag zu bewältigen; sie mussten ihrer Verantwortung unter denkbar ungünstigen äußeren Bedingungen gerecht werden. Da ging es allzu oft – und leider auch im Wortsinn – um Leben und Tod.

Karl Marx hat Jenny 1856 nicht lediglich eine erneute und erneuerte Liebeserklärung gemacht. Er hat zugleich eine in seine Liebensbeteuerungen kunstvoll verwobene Analyse geliefert, die ihr und ihm selbst erklärt, warum es im so schwierigen Alltag oft den Anschein hatte und haben musste, als sei ihre einst so große Liebe erschöpft. In Wirklichkeit war es anders: Nicht ihre *Liebe* hatte sich verändert, sondern die *Bedingungen,* unter denen sie gelebt wurde. An den Verhältnissen, die es ihrer Liebe so unendlich schwer machten, konnten sie vorläufig nichts ändern. Umso wichtiger war es, nicht zu vergessen und sich immer wieder bewusst zu machen, dass der 1836 respektive 1843 gefasste Entschluss, gemeinsam leben zu wollen, richtig war und blieb. Jenny hatte diese Einsicht schon in ihrem bereits zitierten Brief vom Juni 1852 aphoristisch verkürzt formuliert: »Man vergißt oft, wie *reich* man ist, und man glaubt arm zu sein. Weh über den Irrtum.« Jetzt, vier Jahre später, geht Marx noch einen Schritt weiter: Er sagt, dass seine Liebe zu Jenny nicht nur ebenso riesenhaft ist, wie sie es am Anfang war, sondern dass sie sogar gewachsen sei, dass sie neue Dimensionen gewonnen habe. Denn inzwischen hat diese Liebe eine Geschichte, sie zehrt von langen gemeinsamen Erfahrungen, von einer zusammen erlebten und erlittenen Vergangenheit, von Erfolgen, Enttäuschungen, Verlusten, die aneinanderbinden und die Bindung verstärken. Einerseits stellt Marx fest, dass jeder Zug, selbst jede Falte in Jennys Gesicht die größten und süßesten Erinnerungen seines Lebens weckten (also: die Erinnerung an die leidenschaftliche, sinnliche Liebe des Anfangs, die Erinnerung an die vielen schönen Ereignisse in Paris, Brüssel und Köln); doch andererseits – und bezeichnenderweise – fügt er hinzu, dass Jennys »süßes Antlitz« ihn auch an seine unendlichen Schmerzen, an seine unersetzlichen Verluste erinnere (gemeint sind die toten Kinder).

In der Phase der Verantwortung, so Ellul, gehe es darum, den Partner, von dem man anfangs angenommen hatte, er sei wie man selbst, als *anderen* zu erkennen und in seiner Andersartigkeit zu respektieren und zu verstehen. Das jedoch lasse sich nur im *Dialog* erreichen. Dasselbe Wort verwendet auch Marx. Er führe, schreibt er am Beginn seines Briefes, immer nur im Kopf Dialoge mit Jenny – und habe doch ein so großes Bedürfnis, direkt mit ihr zu sprechen.

Ellul behauptet, dass die Liebe – wenn es sich um eine geglückte lebenslange Beziehung handelt – sich im Laufe der Zeit zwar wandele, jedoch nicht »weniger«, sondern »mehr« werde, also reifer, bewusster, umfassender. Manches, was er als Soziologe oder auch privat beobachtet hat und in seinem

Essay erläutert, kennen wir aus dem Leben von Jenny und Karl Marx: zum Beispiel, dass der eine Partner, obwohl geschwächt, ungeahnte Kräfte entwickelt, wenn der andere krank wird und ihn braucht. Oder dass die Partner sich nach einer gewissen Zeit so gut kennen, dass sie sich »blind verstehen«, also auf den Dialog verzichten können; man erinnere sich an Eleanors Erzählung, dass Jenny und Karl sich in Gesellschaft oft nicht anzusehen wagten, weil sie genau wussten, was der andere gerade dachte; hätten sich ihre Blicke getroffen, wären sie in schallendes Gelächter ausgebrochen.

Sind endlich alle Prüfungen bestanden (oder auch nicht), alle Lernprozesse durchlaufen und alle Erfahrungen gemacht und verarbeitet, gelangt die Liebe schließlich in jene letzte Phase, in der die schon am Anfang sicher geglaubte Einheit tatsächlich erreicht ist. Man kann nicht mehr ohne den anderen leben, man ist miteinander »verwachsen«; mit diesem Wort beschreibt Eleanor das Verhältnis ihrer Eltern in deren letzter Lebensphase. Ellul zitiert in diesem Zusammenhang den berühmten Satz Lamartines: »Un seul être vous manque et tout est dépeuplé.« (Manchmal scheint die ganze Welt entvölkert zu sein, wenn ein einziger Mensch fehlt.) Eine Trennung, die man vielleicht in früheren Zeiten in Erwägung gezogen hatte, ist undenkbar geworden.

Die Tragik der letzten Liebesphase liegt darin, dass man dieses Glück, das man über eine so lange Zeitspanne gemeinsam erarbeitet und erkämpft hat, nur noch kurze Zeit festhalten kann. Denn die Partner sind alt geworden und sehen sich mit dem Tod konfrontiert. Auch das finden wir in unserem Fall bestätigt, und niemand, der die beiden gut kannte, hätte etwas anderes erwartet: Nach dem Tod Jennys war auch Karl Marx ein gebrochener Mann und folgte ihr bald nach.

Manche Autoren, die sich mit Jenny Marx beschäftigt haben, bewundern und respektieren sie zwar für das, was sie in ihrem Leben geleistet und erlitten hat. Doch letztlich bleibt sie ihnen fremd und suspekt. Sie beschreiben Jenny als »Opfer« von Karl Marx. Am Ende stehen sie jedoch vor der »irritierenden«, schwer zu leugnenden Tatsache, dass sie ihren Mann bis zuletzt ebenso innig geliebt hat wie er sie und dass sie bis zuletzt für dieselben humanistischen und sozialistischen Ziele und Ideale gelebt und gekämpft hat wie er.

Niemand bestreitet, dass die Ehe von Jenny und Karl Marx in den 1850er- und 60er-Jahren ernsten Belastungsproben ausgesetzt war. Und wie bei jedem Paar, das zusammen älter und alt wird, hat ihre Liebe sich gewandelt (im Sinne Elluls). Doch wie unendlich stark muss die Bindung dieser beiden Menschen gewesen sein, dass sie letztlich allen Stürmen standgehalten, allen Anfechtungen getrotzt hat? Lebenslanges Exil, materielle Not, zermürbende Krankheiten, menschliche Demütigungen und Verletzungen, politische Enttäuschungen, endlos lange Zeiten der Erfolglosigkeit. Und schließlich, von beiden nie verwunden: vier tote Kinder, vier tote Enkelkinder.

»... das Leiden stählt, und die Liebe hält aufrecht«, hat Jenny Marx einmal an Luise Weydemeyer geschrieben. Kann es irgendeinen Zweifel daran geben, *was* sie meinte, wenn sie von Leiden sprach, und *wen* sie meinte, wenn sie von Liebe sprach?

Höhere Töchter

Die 1857 ausbrechende große amerikanische Wirtschaftskrise zog auch die New Yorker *Tribune* in Mitleidenschaft und mit ihr deren Londoner Korrespondenten Karl Marx. Die Zahl der Artikel, die er noch absetzen konnte, reduzierte sich auf etwa die Hälfte. Anfang 1862, bald nach Beginn des amerikanischen Bürgerkriegs, endete die Mitarbeit ganz. Gleichzeitig verursachte die größere und bessere Wohnung, in die die Familie 1856 umgezogen war, höhere Ausgaben. Auch sonst stiegen die Kosten: Da waren zum Beispiel die vielen Arztrechnungen der von diversen Krankheiten gebeutelten Familie, da waren die für die gesundheitliche Stabilisierung von Eltern und Kindern dringend erforderlichen Ferienaufenthalte an der See, aber vor allem waren da die Bedürfnisse der heranwachsenden Töchter.

Marx hat seine Jenny, Laura und Eleanor zwar über alles geliebt, aber – zumindest in der Londoner Zeit – zunächst aufgestöhnt, wenn bei Jennys Geburten wieder einmal das schönere Geschlecht zum Zuge gekommen war. Auch Jenny hätte Jungen bevorzugt. Die Gründe waren ganz praktische. Jungen besaßen im Vergleich zu Mädchen wesentlich bessere Bildungs- und berufliche Aufstiegschancen. Mit drei Jungen hätte die Familie zudem ihre Ausgaben deutlich reduzieren können. Wollte man aber den Mädchen zu einer guten Zukunft verhelfen, musste man tief in die Tasche greifen.

Und man musste nach außen hin eine gewisse Respektabilität und Ehrbarkeit demonstrieren, die sich nicht zuletzt in einer anständigen Wohnung manifestierte. Aus der finanziellen Zwickmühle, die so entstand, gab es kein Entrinnen. Die Ausgaben überstiegen regelmäßig die Einnahmen, ohne dass man gewusst hätte, wie man die einen reduzieren und die anderen erhöhen sollte. Die Familie lebte, wenn man so will, permanent über ihre Verhältnisse. »Es war kein positiver Mangel«, schreibt Jenny in ihren Erinnerungen, »aber beständige gêne und kleinliche Angst und Berechnung. Trotz aller Beschränkungen wollten the two ends never meet.«

Dass es am Ende trotz alledem nie zum finanziellen Desaster gekommen ist, war natürlich dem treuen Engels zu verdanken, der immer einsprang, wenn es ihm irgend möglich war. Aber auch erwartete und unerwartete Erbschaften rissen die Familie immer wieder aus dem Gröbsten heraus. 1855 starb Jennys kinderlos gebliebener Onkel Heinrich Georg von Westphalen, durch dessen Tod zudem eine kleine schottische Erbschaft freigesetzt wurde. Ein Jahr später, im Sommer 1856, verstarb Jennys Mutter Caroline, 1863 dann die Mutter ihres Mannes; durch beide Todesfälle flossen größere Geldbeträge in die Haushaltskasse. Völlig überraschend vermachte auch Marx' langjähriger Weggefährte und Freund Wilhelm Wolff der Familie sein beachtliches Vermögen; Marx widmete Wolff dankbar den ersten Band des *Kapitals*. Hinzu kamen gelegentlich kleinere Summen, vermittelt etwa durch Marx' holländischen Onkel Lion Philips. Eine gewisse finanzielle Stabilität trat jedoch erst 1870 ein, als Engels nach London zog und der Familie mit einer regelmäßigen Zahlung von 350 Pfund pro Jahr ein sicheres Einkommen verschaffen konnte.

Wir haben erwähnt, dass Jenny zwar auf eine Kultur der Formen Wert legte. Das schloss eine ausgeprägte Natürlichkeit im Umgang mit anderen Menschen aber nicht aus, im Gegenteil. Alles Spießige, Pingelige, auch das sinnentleerte Rituelle war ihr fremd. So blieb sie bis an ihr Lebensende. Am 7. Dezember 1881 berichtet Marx, dass Jenny »noch einen Tag vor ihrem Tod ihrer Nurse, bei Gelegenheit von Vernachlässigung von irgendwas Zeremoniellem, sagte: ›We are no such *external* people.‹« Dennoch blieb es ihr aufgrund der Verhältnisse, in denen sie lebte, nicht erspart, hin und wieder Fassaden aufbauen zu müssen. Das fiel ihr nicht leicht. Erstmals sah sie sich dazu bei ihren Trier-Besuchen in den 1840er-Jahren veranlasst. Sie versuchte den Eindruck zu erwecken, mehr zu haben (und erreicht zu haben), als es tatsächlich der Fall war.

Im Londoner Exil-Elend hat Jenny Visitenkarten besessen mit der Aufschrift »Mme Jenny Marx – née Baronesse de Westphalen«. Zeigt das nicht, dass die Aristokratentochter ihren dramatischen sozialen Abstieg nicht verwinden konnte oder wollte? Nein, es zeigt allenfalls, dass Jenny bereit war, ihre Herkunft bei Bedarf zu funktionalisieren. Viel bezeichnender und erstaunlicher ist, mit welcher Souveränität sie sich von ihren Wurzeln zuweilen distanzierte oder diese ironisierte. Mitte März 1848 zum Beispiel grüßt sie aus dem revolutionären Paris ihren Genossen Joseph Weydemeyer mit den Worten: »Salut et fraternité. Ihre Citoyenne und Vagabonde

Jenny Marx.« Das klingt nicht gerade aristokratisch. Und im Dezember 1867 rüffelt sie Louis Kugelmann, weil dieser sie immer so formell, sogar mit »gnädig« anrede, um dann ihren Brief mit dem Gruß zu beschließen: »Ich reiche Ihnen und Ihrer lieben Frau aus der Ferne die Hand. Ihre *Jenny Marx,* nicht gnädig und nicht von Gottes Gnaden.« Und drei Jahre zuvor, in einem Brief an ihren Mann und die drei Töchter, die gemeinsam im Seebad Ramsgate die Sommerfrische genießen, treibt sie regelrecht Spott mit ihrer Herkunft (und ihrer Visitenkarte):

> »Euch alle 4 von Herzen grüßt
> Eure *Möhme*
> née de Westphalen
> geborne Pisserich«.

Sicherlich hatte das Aufrechterhalten der »appearances« und der »respectability« für Jenny zeitweise auch etwas Spielerisches. In späteren Jahren jedoch, vor allem seit man in besseren Wohngegenden lebte und in anderen Kreisen verkehrte, wurde es für sie zu bitterem Ernst.

Warum war Jenny derart auf das äußere Erscheinungsbild bedacht? Der Grund lag, wie schon angedeutet, so gut wie ausschließlich in der Sorge um die Zukunft der drei Kinder, die ihr noch geblieben waren. »Bürgerliche« Autoren kommentieren diese Sorge um das Wohl der Töchter und das Bemühen, ihnen den Weg in einigermaßen gesicherte Verhältnisse zu bahnen, oft mit einem Anflug von Ironie. Dieses Verhalten zeige doch, so suggerieren sie, dass Jenny und Karl Marx es nicht vermocht hätten, ihre sozialistischen Ideale auch konsequent zu leben, dass sie im Grunde immer noch bürgerlichen Maximen und Allüren verhaftet geblieben seien. Erbärmliche Vorhaltungen! Abgesehen davon hat der Sozialismus des 19. Jahrhunderts nie das »Lob der Armut« gesungen. Es ging ihm nicht darum, das Bürgertum zu proletarisieren, sondern darum, aus Proletariern (und Besitzbürgern) *Citoyens* zu machen.

Von ihrem Töchter-Kleeblatt hat Jenny in ihren Briefen immer gerne und stolz erzählt. 1861 berichtet sie Luise Weydemeyer in New York ausführlich von den »lieben Kindern«, die sie als »den Glanzpunkt unseres Daseins, die Lichtseite unseres Lebens« bezeichnet. Die Älteste, Jenny, stand seinerzeit kurz vor ihrem 17. Geburtstag. Sie und ihre etwas jüngere Schwester Laura werden von der Mutter als »hochaufgeschossene, blühende Jungfrauen« vorgestellt. Während sie die äußere Erscheinung ihrer fast schon erwachsenen Töchter im Detail nicht frei von kritischen Akzenten beschreibt, lässt sie über die »inneren Werte« nichts kommen. »Sie sind beide von besonders gutem Herzen, guten Anlagen, wahrhaft liebenswürdiger Bescheidenheit und jungfräulicher Sittsamkeit.« Sie machten den Eltern »durch ihr liebes, bescheidenes Wesen viel Freude«. Auch in einem Brief an ihre Freundin Bertha Markheim zwei Jahre später spricht sie in fast gleicher Diktion »von wahrhaft liebenswürdiger Bescheidenheit und jungfräulicher Schüchternheit«.

Solche Charakterzüge scheinen Jenny besonders wichtig zu sein. Dass die Mädchen zwar dank ihres Fleißes und Talents gebildet, aber nicht eingebildet sind, rechnet sie ihnen hoch an. »Ein wahrhaft blühendes Kolorit zeichnet beide

Schwestern aus, die wirklich beide so wenig eitel sind, daß ich mich oft im stillen über sie wundere, um so mehr, als ich von ihrer Frau Mama aus ihren jüngeren Jahren, als sie noch im Flügelkleide war, nichts Gleiches berichten kann.«

Wie erwähnt, waren die Bildungschancen für Mädchen und Frauen zu jener Zeit sehr eingeschränkt. Was über die Elementarschule hinausging, war gleichsam das Privatvergnügen der Eltern und ging ordentlich ins Geld. Die beruflichen Möglichkeiten, die sich nach Schule und Ausbildung auftaten, ließen sich an einer Hand abzählen: Gouvernante, ein Lehr- oder Erziehungsberuf, die »unseriöse« Schauspielerei. Oft dienten die Bildungsanstrengungen auch nur dazu, den jungen Frauen die Chance auf eine »gute Partie« zu eröffnen. Überlegungen dieser Art spielten natürlich auch in der Familie Marx eine Rolle. Aber Bildung hatte hier immer auch einen Selbstzweck. Zudem gab es ein Verständnis der Eltern für die Suche der Töchter nach beruflicher Autonomie. »... ich begreife, wie sehr Du Dich nach Arbeit und Unabhängigkeit sehnst, die 2 einzigen Dinge, die über die Leiden und Sorgen der jetzigen Gesellschaft hinüberhelfen«, schrieb Jenny an die ungeduldige Tochter Eleanor, als diese sich 1873 in Brighton auf eigene Faust einen Job in einer Privatschule gesucht hatte.

Bedenkt man also die damals allgemein geringen Bildungs- und Berufschancen für Frauen, berücksichtigt man zudem, wie begrenzt die finanziellen Ressourcen der Familie gewesen sind – und sieht auf der anderen Seite, zu welch umfassender Bildung es die drei Marx-Töchter gebracht haben –, wird man Jennys Versicherung gegenüber Bertha Markheim nicht übertrieben finden: »Alles, was in unsren Kräften stand, haben wir an ihre Erziehung gewendet.«

Während ihres Schulbesuchs haben die Kinder »stets die ersten Preise davongetragen«, vermerkt Jenny mit Genugtuung, und auch Marx versäumt nicht, Engels des Öfteren von solchen Erfolgen zu berichten. Trotz aller Anstrengungen hat das Geld allerdings für einiges, was man als sinnvoll und notwendig erachtete, nicht gereicht, etwa für eine fundierte musikalische Ausbildung. Man habe zwar ein Klavier gemietet, erzählt Jenny, doch das sei ein ziemlicher »Rumpelkasten«; so musste auf dem Feld der Musik manches notgedrungen Stückwerk bleiben. Wie schwierig die Verhältnisse waren und wie sehr sich alle Beteiligten krummlegen mussten, erkennt man nicht zuletzt daran, dass die Mädchen manchmal ihre Stunden nicht besuchen konnten, weil sie keine geeigneten Kleider oder Schuhe mehr besaßen.

Im Hause Marx wurde bekanntlich sehr viel gelesen, meist in der Originalsprache. An erster Stelle stand Hausgott Shakespeare, mit dem ein wahrer Kult getrieben wurde. Man kann davon ausgehen, dass die Töchter große Teile des klassischen Bildungsguts schon durch ihre Eltern oder deren Freunde aufgesogen haben. Alle drei waren sie in mehreren Sprachen zu Hause. Als sie erwachsen wurden, übernahmen sie nach und nach die »Sekretariatswürde« von ihrer Mutter und unterstützten die wissenschaftliche und politische Arbeit ihres Vaters. Aber sie traten auch selbst in Erscheinung. Jenny und Eleanor versuchten sich zeitweise in Erziehungs- und Lehrtätigkeiten, sie waren aber auch politisch und publizistisch aktiv. Jenny zum Beispiel hat – unter Pseudonym – etliche Artikel über den Freiheitskampf der Iren geschrieben. Und auch über ihr großes Frankreich-Abenteuer 1871 erstattete sie schriftlich Bericht. Damals, nach der Niederschlagung der Pariser Kommune, befanden sich Paul und Laura Lafargue mit ihren damals noch lebenden Kindern im französisch-spanischen Grenzgebiet in der Nähe von Bordeaux auf der Flucht. Unerschrocken eilten Jenny und Eleanor von London aus zu Hilfe, gerieten selbst in mehrtägigen, rüden Polizeigewahrsam, bevor sie wieder auf freien Fuß gesetzt wurden. Über die Begebenheit erschienen in verschiedenen Zeitungen entstellende Meldungen, denen Jenny in einem umfangreichen Bericht entgegentrat; Vater Marx ließ ihn in den USA veröffentlichen. Die politisch-publizistisch aktivste der drei Schwestern war Eleanor, die eine eigenständige Rolle in der britischen und internationalen Sozialdemokratie und in der Gewerkschaftsarbeit spielte. Sie machte auch durch vorzügliche Übersetzungsarbeiten auf sich aufmerksam. So übertrug sie zum Beispiel Flauberts *Madame Bovary* aus dem Französischen, Dramen des von ihr besonders geschätzten Henrik Ibsen aus dem Norwegischen ins Englische; diese Leistungen haben die Zeiten überdauert und sind noch heute im Buchhandel erhältlich. Sowohl Jenny als auch Eleanor hatten schauspielerische Ambitionen, die freilich von den Eltern aus vielerlei Gründen nicht unterstützt wurden, allenfalls geduldet.

»Kleine Kinder kleine Sorgen, große Kinder große Sorgen.« Diesen Satz hat Jenny oft zitiert. Als sie noch klein waren, nahmen die Kinder das Elend, in dem sie lebten, nicht mit vollem Bewusstsein wahr, reflektierten die Verhältnisse nicht. Mit zunehmendem Alter änderte sich das. Namentlich die älteste Tochter nahm sich die drückenden Lebensumstände so zu Herzen, dass sie öfter krank wurde – wie überhaupt die Kinder auch nach dem Wegzug aus der Dean Street noch häufig unter Mangelerkrankungen litten.

Jenny hat es sehr geschmerzt, dass ihre Töchter, gerade als sie in die Blütezeit ihres Lebens eintraten, die Nöte der Familie wieder besonders zu spüren bekamen, sodass »ihre kleinen Herzenswünsche und Hoffnungen schon im Keime erstickt werden«. Besonders trübe war die Situation ausgerechnet im Jahr 1862, als in London die große Weltausstellung stattfand. »Die armen Kinder tun mir um so mehr leid«, schrieb Marx an Engels, »als dies alles in dieser Exhibition season vorfällt, wo ihre Bekannten sich amüsieren und sie nur Schrecken durchmachen, daß nur niemand sie besucht und den Dreck durchschaut.« Damals nahmen die Kinder häufig Einladungen ihrer englischen Freunde nicht mehr an, weil sie sich nicht revanchieren konnten. Erst mit dem Umzug des Jahres 1864 in die Maitland Park Road gelingt es, so Jenny, »den Mädchen ein hübsches, anständiges Home zu schaffen, das so ausgestattet ist, daß sie hier und da, ohne Scham und Scheu, ihre englischen Bekannten bei sich sehn können«.

Im Oktober 1864 veranstaltete man im neuen Domizil sogar einen großen Ball, und man kann sich ausmalen, unter welcher Anspannung Jenny stand. »Nun, die Geschichte lief gloriös ab und war ein real success. 50 junge Herren und junge Damen drehten sich bis morgens gegen 4 Uhr im lustigen Wirbel herum, und unsre im unteren Eßzimmer zierlich ausgeschmückte Tafel schien allen köstlich zu munden. Es blieben aber doch noch so viele beaux restes übrig, daß wir am folgenden Tag eine kleine Nachlese halten und ein Kinderfest für Tussy geben konnten, ohne mehr dazuzukaufen.«

Ebenso wie Karl Marx vermutlich oft von einem schlechten Gewissen gegenüber Jenny geplagt wurde, weil er nicht in der Lage war, ihr ein materiell gesichertes Leben zu bieten, so empfanden Jenny und er eine gemeinsame Schuld gegenüber den Kindern. Denn mit ihrer Entscheidung für ein kompromissloses Leben in radikaler Opposition zur bestehenden Gesellschaft haben die Eltern ihnen große Opfer abverlangt. Umso erstaunlicher, dass alle drei Töchter die politischen Überzeugungen ihrer Eltern übernommen haben und, als sie politisches Bewusstsein entwickelten, den Weg, der ihnen zugemutet worden war, nicht etwa rückblickend infrage stellten: »Unser Exil, jahrelange Isolierung usw. usw. usw. sind Opfer für die große Sache des Proletariats, die ich nicht bedaure«, hat zum Beispiel Tochter Jenny gegenüber Louis Kugelmann festgehalten.

Mutter Jenny war sich bewusst und hat es ertragen, dass Teile ihres eigenen Lebensglücks im Laufe der 1850er- und 60er-Jahre auf der Strecke blieben. Doch offenkundig gequält wurde sie von dem Gedanken, dass nun auch die Kinder unter der Außenseiterstellung ihrer Eltern zu leiden hatten und ihre Zukunft in Mitleidenschaft gezogen wurde. Ernestine Liebknecht gesteht sie 1864: »Die Mädchen befanden sich durch uns [in einer anderen Wiedergabe des Briefes: »durchaus«] in einer false position, und wenn man jung ist, ist die Haut noch weich und empfindlich und nicht wie bei den elderly ladies … zur Hornhaut geworden.« Ohne konkret zu werden, erzählt

Jenny ihrer Freundin Ernestine im April 1866, dass die beiden älteren Töchter »ganz eigene Naturen haben und durch ihre Erziehung und eigentümliche Richtung natürlich mit ihren übrigen Bekannten in peinliche Kollisionen kommen müssen«. An anderer Stelle ist von »delikaten Verhältnissen« die Rede. Offenbar hatten die Töchter einen Spagat oder eine Gratwanderung zu bestehen: Sie lebten in der Gesellschaft – und zugleich gegen sie. »Die Mädchen sind in Ideen und Ansichten aufgebracht, die eine vollständige Scheidewand für die Gesellschaft, in der sie sich bewegen, bilden, und andrerseits sind sie wieder äußerlich nicht unabhängig, um auf diesen, der bestehenden Welt schroff entgegenlaufenden Ansichten durchdringen zu können. Wären sie reich, so könnten sie auch ohne ›Taufe, Kirche und Religion‹ durchkommen, so aber werden sie beide noch schwere harte Kämpfe durchzumachen haben, und ich denke oft, daß wenn man seinen Kindern kein Vermögen und keine vollständige Unabhängigkeit von Andern bieten kann, man kaum recht tut, sie so in schroffer Opposition mit der Welt aufzubringen. Sie werden sich stets in falscher Position befinden, und mich drücken diese Verhältnisse sehr.« Die Mädchen, obwohl »in jeder Hinsicht hervorragende Erscheinungen«, erwarte ein Leben »out of place und out of home«. Jenny wurde von der Sorge um ihre Töchter und von der Idee umgetrieben, sie habe möglicherweise unrecht an ihnen gehandelt. Ihr Brief an Ernestine zeigt, wohin diese Gedanken sie mitunter führen konnten. Da tröstet sie ihre Freundin mit Blick auf deren Tochter Alice: »Sein Sie froh, daß Alice vielleicht zur ›Taufe‹ gezwungen wird. Oft schadet eine solche Form weniger als das Unterbleiben derselben.«

Wie überrascht und erleichtert muss Jenny gewesen sein, als der französische Medizinstudent Paul Lafargue Mitte der 1860er-Jahre um die Hand von Tochter Laura anhielt. Eigentlich hatte sie angenommen, dass Lafargues häufige Besuche im Hause Marx vor allem dem Zweck dienten, mit dem Familienoberhaupt politische und wissenschaftliche Fragen zu besprechen. Aber das eine schloss offenbar das andere nicht aus. Lafargue – auf Kuba geboren, Vater Franzose, Mutter Kreolin – , konnte aufgrund der gesellschaftlichen Stellung seiner Familie als ausgezeichnete Partie gelten. Noch wichtiger aber war Jenny »der gute Charakter des jungen Mannes, seine Herzensgüte, seine Generosität und seine Devotion für Laura« sowie jene »Übereinstimmung in den Grundsätzen, namentlich in religiöser Hinsicht«, die sie bei den meisten Bekannten und Freunden ihrer Töchter nicht hatte feststellen können. »Laura bleibt daher verschont von allen den unvermeidlichen Kämpfen und Leiden, denen ein jedes Mädchen mit ihren Ansichten ausgesetzt ist inmitten der sie umgebenden Welt. Denn wie ausnahmsweise ist es, heutzutage Männer zu finden, die diese Ansichten teilen und zugleich Bildung, gesellschaftliche Position etc. besitzen.« Zum damaligen Zeitpunkt konnte Jenny noch annehmen, dass der Schwiegersohn in spe seinem Arztberuf nachgehen würde – doch nach dem Tod seiner drei Kinder verlor Lafargue seinen Glauben an die Medizin. Er wurde zu einem der führenden französischen Sozialisten und lebte viele Jahre in Verhältnissen, wie sie Jenny selbst zur Genüge kennengelernt hatte. Auch Laura, von der sie doch so gehofft hatte, dass sie ein *lucky girl* sein werde, blieb das »Los einer politischen Frau« nicht erspart.

Als Tochter Jenny sich bald nach Laura ebenfalls in einen Franzosen, den Kommunarden Charles Longuet, verliebte, fiel die Reaktion der Mutter schon reservierter aus. 1872 vertraut sie sich mit ihren Bedenken Wilhelm Liebknecht an: »Longuet ist ein sehr begabter und sehr guter, braver, anständiger Mann, und die Übereinstimmung der Ansichten und Lebensüberzeugungen unter dem jungen Paar sicher eine Bürgschaft für ihr späteres Glück. Andrerseits kann ich doch nicht ohne bange Sorgen dieser Verbindung entgegensehen, ich hätte wirklich gewünscht, daß Jennys Wahl (for a change) auf einen Engländer oder Deutschen statt auf einen Franzosen gefallen wäre, der natürlich neben all den liebenswürdigen Eigenschaften seiner Nation auch nicht ohne ihre Schwächen und Unzulänglichkeiten ist. ... Ich kann nicht umhin zu fürchten, daß Jennys Los als politische Frau allen den Sorgen und Qualen ausgesetzt ist, die unzertrennlich davon sind.«

Jennys Hochzeit mit Longuet fand 1872 statt. Fast zur gleichen Zeit glaubte auch Eleanor, obwohl erst siebzehn und also elf Jahre jünger als ihre Schwester, sich an einen französischen Kommunekämpfer, den doppelt so alten Prosper Olivier Lissagaray, binden zu müssen. Jetzt kam es zum innerfamiliären Konflikt. Die Eltern missbilligten diese Liaison ebenso wie die beiden anderen Töchter und Schwiegersohn Lafargue. Dennoch verlobte sich Eleanor. Marx lehnte die Beziehung seiner Tochter zu Lissagaray, der ein von ihm sehr geschätztes Geschichtswerk über die Pariser Kommune verfasst hatte, wohl nicht so rigoros ab, wie manchmal behauptet wird; so hat er sich sehr um die deutsche und die englische Übersetzung des Kommune-Buchs verdient gemacht, auch andere

Projekte Lissagarays unterstützt und über die Jahre Kontakt zu ihm gehalten. Für Eleanor waren ihre (etwa zehn) Verlobungsjahre eine schwere, von vielen offenbar psychosomatisch bedingten Krankheiten geprägte Zeit; zudem fiel ein Schatten auf das Verhältnis zu ihrem so innig geliebten und verehrten Vater. Dass sie Lissagaray 1880, als er nach der Amnestie für Kommunekämpfer zurück nach Frankreich ging, nicht folgte und zwei Jahre später das Verlöbnis löste, geschah allerdings nicht primär auf äußeren Druck, sondern weil sich ihre Prioritäten verschoben und ihre Lebensplanung verändert hatten.

»Mit 17 fühlt man alles immer mit solcher Intensität!«, hat Eleanor viele Jahre später, 1893, ihrer Schwester Laura geschrieben. Nicht nur mit siebzehn, könnte man mit Bezug auf die jüngste der Marx-Töchter hinzufügen. Jenny und Karl haben selbstverständlich besser als jeder andere um die Neigung Eleanors gewusst, »jusqu'au bout« zu gehen, eine Neigung, die ihnen aus ihrer eigenen Vergangenheit nicht fremd war. Vielleicht fühlten sie sich auch darum verpflichtet, sie vor allzu gefühlsbestimmten Entscheidungen oder Festlegungen zu bewahren, die nach ihrer Meinung zu früh kamen oder in ihren Konsequenzen nicht überschaubar waren.

Als reifere Frau scheint Jenny zu der Einsicht gelangt zu sein, dass es immer auch eine Selbstgefährdung bedeutete, extreme Gefühlsschwankungen oder -ausbrüche nicht beherrschen zu können; und vermutlich sorgte sie sich um die große Leidenschaftlichkeit und Emotionalität, die sie nun bei Eleanor und auch bei der älteren Jenny entdeckte. Jedenfalls lässt darauf eine Begebenheit schließen, die Liebknecht während seiner Londoner Zeit beobachtet hatte. »Jennychen«, so nennt er die damals vermutlich etwa fünfzehnjährige Tochter, »hatte manchmal prophetisch-pythische Verzückungen – ›der Geist kam über sie‹ wie über die Pythia; ihre Augen begannen zu leuchten und zu flammen, und sie fing an zu deklamieren, oft die merkwürdigsten Phantasien. Auf dem Heimweg von Hampstead Heath hatte sie einmal einen solchen Anfall, sie sprach von dem Leben auf den Sternen, und was sie sagte, gestaltete sich zu einem Gedicht. Frau Marx, mit der Sorge der Mutter, die mehrere Kinder verloren hat, wurde ängstlich und meinte: ›So spricht kein Kind in ihrem Alter – diese Frühreife ist kein Zeichen von Gesundheit.‹«

Dass die unwirsche Reaktion Jennys durch die Angst der Mutter, die mehrere Kinder verloren hat, hervorgerufen wurde, ist unwahrscheinlich. Eher war es die Sorge um eine Exaltiertheit, deren Schattenseiten sie an sich selbst erfahren hatte und die sie zumindest bei zwei ihrer Töchter vielleicht zügeln zu müssen glaubte.

Manches spricht dafür, dass das Verhältnis des Vaters zu den erwachsenen Töchtern intensiver und herzlicher war als das der Mutter. Sollte dem so gewesen sein, werden sicherlich mehrere Ursachen dazu beigetragen haben: darunter die eine oder andere »natürliche« Spannung im Verhältnis zwischen Mutter und erwachsenen Töchtern, vielleicht auch der Umstand, dass Marx in seinem meist sechsköpfigen Haushalt als einziges männliches Wesen eine gewisse »Sonderstellung« einnahm. Sicherlich lag es aber auch generell an Marx' unnachahmlichem Umgang mit kleinen (und großen) Kindern. Es würde zu weit führen, hier detailliert auf das dankbare

Thema »Marx als (Groß-)Vater« einzugehen. In dem Erinnerungsbändchen Liebknechts (oder auch in den Reminiszenzen Eleanors) gibt es wohl keine schöneren Passagen als die, in denen Marx beim ausgelassenen Spiel mit seinen Kindern und Enkeln geschildert wird. Auch zu fremden Kindern fühlte er sich hingezogen – und sie zu ihm. Liebknecht erzählt, dass Marx, unterwegs in London, an keinem Bettelkind vorübergehen konnte, ohne es ein wenig zu trösten, ihm übers Köpfchen zu streicheln und ein paar Pennies zu schenken. Es ist gewiss kein Zufall, dass Marx in seinem theoretischen Werk wie auch in seiner politischen Arbeit dem Los der Kinder – etwa in Gestalt der Kinderarbeit – so breiten Raum gewidmet hat. Und oft hat Eleanor ihn sagen gehört:»Trotz alledem, wir können dem Christentum viel verzeihen, denn es hat gelehrt die Kinder zu lieben.« In seinen vielen Briefen an die Töchter, die natürlich vor allem aus der Zeit stammen, da diese bereits das Haus verlassen hatten oder zeitweise räumlich getrennt lebten, zeigt er sich als ein höchst moderner Vater, als treuer Freund seiner Kinder, als ihr verständnisvoller Partner, der es nicht gewohnt ist, sich auf seine väterliche Autorität zu berufen. Es dürfte schwerfallen, ähnliche Vaterbriefe aus dem 19. Jahrhundert zu finden, so voller Liebe, Zärtlichkeit und Einfühlungsvermögen, so sehnsüchtig nach den Seinen, stets ängstlich besorgt um deren Wohl und Wehe, immer mit gutem Rat zur Stelle.

Hatten wir in einem früheren Kapitel einige (freilich wenig glaubhafte) Sätze von Marx zitiert, in denen er es zu bereuen scheint, geheiratet und eine Familie gegründet zu haben, so finden wir hier eine Vielzahl ganz anderslautender Aussagen.

Marx erweist sich als Familienmensch par excellence, der ohne Frau und Kinder vermutlich gar nicht hätte existieren können. Seinem Freund Kugelmann gesteht er 1874, dass »die Familienqualen« ihm stets hart zusetzten. »Je mehr man, wie ich, fast abgeschlossen von der Außenwelt lebt, je mehr ist man mit der Gemütsseite in den engsten Kreis verstrickt.« Als Tochter Jenny 1881 mit ihrer Familie nach Argenteuil bei Paris zieht, fällt es ihm sichtlich schwer, sich an ein Leben ohne die Tochter und die drei geliebten Enkel zu gewöhnen. »Mein liebes Jennychen, seit Eurer Abreise ist's langweilig – ohne Dich und den Johnny und Harra! und den Mr. ›tea!‹. Ich laufe manchmal ans Fenster, wenn ich Kinderstimmen höre, die denen der unsrigen ähneln, momentan nicht gewahr, daß die Männlein jenseits des Kanals!« Nachdem er im selben Jahr einen Besuch in Argenteuil abbrechen musste, um nach London zur kranken Eleanor zu eilen, bedankt er sich von dort bei seiner Gastgeberin: »Das Vergnügen, bei Dir und den lieben Kindern zu sein, hat mir mehr Freude verschafft, als ich sonst irgendwo hätte finden können.« Noch deutlicher wird Marx 1882, als er sich, damals schon schwer krank, zu einem weiteren Besuch bei der Tochter ankündigt: »Ich brauche absolute Ruhe *allein mit Deiner Familie.* …« Und erläuternd in einem Postskriptum: »Unter ›Ruhe‹ verstehe ich ›Familienleben‹, den ›Lärm der Kinder‹, diese ›mikroskopische Welt‹, die viel interessanter ist als die ›makroskopische‹.«

Die Liebe zu den Kindern wird von diesen erwidert. Im Dezember 1872 schreibt die schon verheiratete Endzwanzigerin Jenny – eine selbstbewusste, leidenschaftliche Frau, lebensklug und lebenserprobt – an Louis Kugelmann, dass sie, nachdem sie einige Wochen mit ihrem Mann in Oxford zugebracht hat, froh sei, wieder im Elternhaus leben zu dürfen, wo sie im Vorderzimmer des ersten Stocks immer ihren »lieben Mohr« finden könne. »Ich kann nicht beschreiben, wie verlassen ich mich fühle, wenn ich von ihm getrennt bin – und er sagt, daß ich ihm auch so sehr gefehlt habe und daß er sich während meiner Abwesenheit gänzlich in seiner Höhle vergraben hat.« Und ein halbes Jahr später gesteht sie: »… wenn ich auch verheiratet bin, mein Herz ist, wie es seit jeher war, an den Ort gekettet, wo mein Papa ist, und anderswo würde das Leben für mich kein Leben sein.« Bekanntlich hat sich die viel zu früh verstorbene Jenny dann doch von ihrem Vater getrennt, nachdem ihr lange Jahre verfemter Mann wieder zurück in sein Heimatland durfte. Dort erwarteten sie äußerst schwierige Lebensumstände, wie ihre Mutter vorausgesehen hatte. Durch die Haushaltsführung und mehrere Kinder geriet sie schon bald an die Grenzen ihrer Belastbarkeit. Zudem zehrte eine schwere Krankheit an ihr, und auch die Beziehung zu ihrem Mann scheint nicht die glücklichste gewesen zu sein. Im Januar 1882 bemerkt sie gegenüber Eleanor, daß »diese Franzosen selbst in ihren besten Zeiten armselige Ehemänner abgeben«.

Doch zurück zu der engen Bindung der Kinder an ihren Vater! Wie ist sie zu erklären? Ist Mutter Jenny da ins Hintertreffen geraten? Vielleicht wird sie es manchmal selbst so empfunden haben. Aufgrund ihrer bitteren Lebenserfahrungen lebt sie oft in der ängstlichen Erwartung, dass irgendein ungünstiger Umstand das Erreichte wieder gefährden oder zunichtemachen könnte. Wir hatten schon erwähnt, dass

Marx seiner Frau einmal bescheinigte, sie habe ihr einstiges »temper« verloren. Jenny scheint sich solch ungünstiger Wahrnehmungen ihrer Person und ihrer Stimmungen durchaus bewusst gewesen zu sein, hält sie aber für ein Missverständnis. »Die Mädchen glauben, es sei bei mir oft üble Laune und Verdrießlichkeit und doch ist es nichts, als das Bewußtsein, daß sie im Leben nicht auf so viel Glück Ansprüche machen können, als sie sonst wohl berechtigt wären durch äußre und innre Gaben. ...« Nein, Jenny kann aus ihrer Haut, oder besser: der »Hornhaut« einer leidgeprüften »elderly lady« nicht heraus. In ihrem Weihnachtsbrief von 1866 schreibt sie Engels: »Ich wünschte, ich könnte alles so couleur de rose sehn als die andern [gemeint sind offenkundig ihr Mann und die Töchter], aber die vielen langen Sorgen haben mich ängstlich gemacht, und ich sehe oft schwarz in die Zukunft, wo ein heitrer Geist alles rosig sieht. Cela entre nous.«

Meinte sie mit dem »heiteren Geist« ihren Mann? Tatsächlich hatte Marx in den letzten zehn, fünfzehn Jahren seines Lebens wieder zu jener Zuversicht und souveränen Gelassenheit zurückgefunden, die, glaubt man Jennys frühen Briefen, ihn vor der Londoner Misere einmal ausgezeichnet hatten. Bis zu einem gewissen Grad waren die unterschiedlichen Tonlagen der beiden auch Ausfluss einer nicht ganz kongruenten Weltsicht. Gewiss gab es zwischen Jenny und Karl Marx keine wesentlichen »ideologischen« Differenzen. Doch obwohl sie gleichermaßen davon überzeugt waren, dass man einer besseren Welt entgegengehe, war Jennys Hoffnung eher »defensiv« gestimmt, die Karls eher »offensiv«. Sie habe den Mut nicht leicht sinken lassen, schreibt eine erschöpfte Jenny zum Beispiel 1872 an Wilhelm Liebknecht, doch jetzt sei sie »zu alt geworden, um noch viel zu hoffen, und die letzten unseligen Ereignisse [gemeint ist die Niederlage der Pariser Kommune] haben mich völlig erschüttert. Ich fürchte, wir selbst, wir Alten, erleben nicht viel Gutes mehr, und ich hoffe nur, daß unsre Kinder leichter durchs Leben wandeln werden.«

Anders der unerschütterlich optimistische Marx. Als Tochter Jenny im April 1881 einen Jungen namens Marcel zur Welt bringt, schreibt er der Mutter in seinem Glückwunschbrief, dass seine »Frauen« – also Jenny, Eleanor und Lenchen Demuth – erwartet hätten, »daß der ›neue Erdenbürger‹ ›die bessere Hälfte‹ der Bevölkerung vermehren würde; ich ziehe meinerseits das ›männliche‹ Geschlecht bei Kindern vor, die an diesem Wendepunkt der Geschichte geboren werden. Sie haben die revolutionärste Periode vor sich, die Menschen jemals zu bestehen hatten. Schlecht ist es jetzt, so ›alt‹ zu sein, daß man nur voraussehen kann, statt zu sehen.«

Politik und Theater

Als Jenny Marx am 2. Dezember 1881 nach schwerer Krankheit stirbt und drei Tage später auf dem Londoner Friedhof Highgate beigesetzt wird, hält Friedrich Engels vor einer kleinen Trauergemeinde die Ansprache. Darin arbeitet er zwei Aspekte von Jennys Leben und Persönlichkeit heraus, die bis heute gerne vernachlässigt oder unterschätzt werden. Das eine ist die Entschiedenheit, mit der sie Teil jener politischen und sozialen Bewegungen des 19. Jahrhunderts war, die schließlich in der Gründung und im Aufbau sozialdemokratisch oder sozialistisch sich nennender Arbeiterparteien sowie einer übergreifenden Dachorganisation, der Internationalen Arbeiter-Assoziation, gipfelten. Obwohl sie eher im Hintergrund wirkte, war ihr Beitrag, so Engels, nicht nur bedeutend und unverzichtbar, sondern hatte auch einen ganz eigenständigen Charakter. »Was eine solche Frau, mit so scharfem und kritischem Verstande, mit einem politisch so sicheren Takt, mit solch einer leidenschaftlichen Energie, solch großer Kraft der Hingabe, in der revolutionären Bewegung geleistet, das hat sich nicht an die Öffentlichkeit vorgedrängt, ist niemals in den Spalten der Presse erwähnt worden. Was sie getan hat, wissen nur die, die mit ihr gelebt haben. Aber ich weiß, daß wir oft ihre kühnen und klugen Ratschläge vermissen werden – kühn ohne Prahlerei, klug, ohne der Ehre je etwas zu vergeben.«

Der andere von Engels scharf akzentuierte Aspekt betrifft Jennys *politisches* Leiden während ihres englischen Exils. Damit ist etwas anderes gemeint als das von uns schon mehrfach angesprochene »Los einer politischen Frau«. Engels zielt auf den Umstand, dass Jenny die tiefe Frustration ihres Mannes über seine lange Zeit fast ausweglose Situation besonders naheging. Sie litt mit ihm, oder besser, sie litt darunter, dass er leiden musste: »… daß … alle Parteien, die der Regierung wie die der Opposition (Feudale, Liberale, sogenannte Demokraten), sich gegen ihren Gatten verschworen, ihn mit den elendesten und niederträchtigsten Verleumdungen überschütteten, daß die gesamte Presse sich ihm ausnahmslos verschloß, daß er hilf- und wehrlos dastand vor Gegnern, die er und sie verachteten – das hat sie tief getroffen. Und das dauerte jahrelang.«

Während der erste von Engels genannte Aspekt die große Eigenständigkeit Jennys betont, lässt der zweite auf ihre vorbehaltlose Identifikation mit dem Werk ihres Mannes schließen. Das ist kein Widerspruch, wie wir gleich sehen werden. Oft wird freilich nur die eine Seite der Medaille wahrgenommen, nämlich Jennys Identifikation mit Karl Marx; viele ihrer politischen Äußerungen werden dann, fast schon in ehrverletzender Weise, auf ihren Mann, zu dem sie ja angeblich in einer Art geistiger Abhängigkeit gestanden habe, zurückgeführt. Die Eventualität, dass Jenny in vielen Fällen auch ihren Mann beeinflusst haben könnte – was Engels ja explizit sagt –, gerät dabei leicht aus dem Blick. Und doch ist es so gewesen.

Ein gerne angeführtes Beispiel für die These, dass Jenny ihrem Karl zuweilen »nach dem Mund geredet« habe, ist die

Passage über Ferdinand Lassalle in ihren Lebenserinnerungen. Lassalle hatte Marx im Juli 1862 in London besucht. Jenny war er in jenen Tagen nicht nur durch die vielen Ansprüche, die er an seine wie immer finanziell ziemlich klammen Gastgeber stellte, sondern durch sein gesamtes Gebaren sehr unangenehm.

»Er war fast erdrückt von der Last des Ruhms, den er sich als Gelehrter, Denker, Dichter und Politiker errungen. Die frische Lorbeerkrone ruhte noch auf der olympischen Stirn und dem ambrosischen Lockenhaupt oder vielmehr dem starren, steifen chevelure des Niggers. Er hatte eben den italienischen Feldzug siegreich beendet – ein neuer politischer Coup wurde von den großen Männern der Aktion ausgebrütet. Starke Kämpfe gingen in seiner Seele vor. Er hatte noch manche Felder der Wissenschaft nicht betreten. Da gab es noch Ägyptologie, die brachlag. ›Soll ich nun als Ägyptologe die Welt in Erstaunen setzen oder soll ich meine Allseitigkeit als Tatenmann, als Politiker, als Kämpfer, als Soldat bekunden?‹ Das Dilemma war groß. Er schwankte in seines Herzens Geist und Empfindung und gab oft diesen innern Kämpfen einen wahrhaft sardonischen Ausdruck. Mit vollen Segeln durchstrich er unsre Räume so laut perorierend, gestikulierend, die Stimme oft zu einer solchen ut de poitrine Höhe emporschraubend, daß unsre Nachbarn, über das Riesengeschrei erschreckt, sich erkundigten, was bei uns los sei. Es waren die innern Kämpfe des großen Mannes, die sich in schrillen Mißtönen Luft machten.«

Es ist völlig abwegig zu vermuten, dass Marx seiner Frau diese Sätze gleichsam in die Feder diktiert habe. Nein, das ist

Jennys Sprache, das sind *ihre* subtilen Beobachtungen, das ist *ihr* beißender Spott. Manches spricht dafür, dass in Sachen Lassalle weniger Karl die Haltung Jennys als, umgekehrt, Jenny die Haltung Karls beeinflusst hat. Selbst Lenchen Demuth dürfte da ihren Beitrag geleistet haben. In dem seinerzeit beliebten Gesellschaftsspiel »Bekenntnisse« (Confessions) gab die Haushälterin auf die Frage »Wen verachten Sie am meisten?« die knappe und unmissverständliche Antwort: »Lassalle«. Lenchen und die andere Dame des Hauses werden ihre Gründe gehabt haben.

Es ließen sich viele andere Beispiele für höchst eigenständige, manchmal gegen die »Mehrheitsmeinung« des Hauses vertretene Auffassungen anführen. Besonders beim Thema »Preußen« zeigte sich Jenny eigen. Im deutsch-französischen Krieg von 1870/71 konnte sie erwartungsgemäß keine Sympathie für Preußen aufbringen, war empört darüber, dass Paris belagert und beschossen wurde, fühlte sich solidarisch mit den deutschen Kriegsgegnern, allen voran Wilhelm Liebknecht und August Bebel, die 1872 im »Leipziger Hochverratsprozess« zu zwei Jahren Festungshaft verurteilt wurden. Jedoch: Dass ihre Töchter sich während des Krieges ganz entschieden auf die französische Seite schlugen, hat sie ebenfalls missbilligt. Es war ihr unbegreiflich, dass die Mädchen alle französische Propaganda über angebliche deutsche Kriegsgräuel ohne Weiteres für bare Münze nahmen. Nach dem Krieg schrieb Jenny ihrem Freund Johann Philipp Becker: »In unserem Hause war da ein solcher französischer Chauvinismus im Gegensatz zum Bismarckismus eingerissen, daß man als ›Preuße‹ galt, wenn man nicht an all' den Firlefanz von Lug und Trug glauben wollte, was mir platterdings unmöglich war.«

Passagen wie diese mussten früher in Ost und West als Belege herhalten für die Unterstellung, dass Jenny ihr »Nationalgefühl« doch nicht ganz habe ablegen können, ihrem alten Preußen-Deutschland verbunden geblieben sei und vielleicht sogar gerne in die Heimat zurückgekehrt wäre, wenn sich die Möglichkeit geboten hätte. Doch davon kann keine Rede sein. Als ihr Mann auf Einladung Lassalles 1861 längere Zeit in Deutschland weilte, brachten Zeitungen das Gerücht auf, Marx betreibe seine Übersiedlung nach Berlin. Jenny und ihre Töchter reagierten ziemlich entsetzt – doch schon bald gab es Entwarnung: »Was nun die Gerüchte der Zeitungen betrifft«, schreibt Jenny Anfang April 1861 an Friedrich Engels, »so sind sie, wie Sie sich wohl denken konnten, alle falsch, und Karl hat nicht im entferntesten an Niederlassen und Übersiedeln der Familie nach Berlin gedacht. Was er aber dort durchsetzen wollte, war seine Renaturalisation. Ich begreife das nicht recht und weiß nicht, weshalb Karl so eilt, wieder königlich-preußischer ›Untertan‹ zu werden. Ich wäre lieber noch länger ein ›lose Jroschen‹ … jeblieben. … Ich selbst habe wenig Sehnsucht nach dem Vaterland, dem ›teuren‹, dem lieben, treuen Deutschland, dieser mater dolorosa der Poeten, und die Mädchen gar! Der Gedanke, das Land ihres Shakespeares zu verlassen, ist ihnen schrecklich; sie sind durch und durch Engländer geworden und hängen wie Kletten am englischen Boden.« Einige Wochen später folgen weitere einschlägige Mitteilungen an Antoinette Philips in Zaltbommel, inklusive eines hübschen Wortspiels: »Ich glaubte gleich nicht recht an die deutschen canards und denke, wir werden hier noch manche jute jebratene Gans verzehren, eh' uns das geliebte teure Vaterland wiedersieht.«

Zwei Jahre später, 1863, treibt das Thema sie wieder oder immer noch um. Da versichert sie Bertha Markheim, dass es für die Kinder nichts Schrecklicheres gebe als die Vorstellung, »England einmal mit Deutschland vertauschen zu müssen, und offen gesagt auch ich – selbst ich, fürchte mich davor«. Und in einem weiteren Brief an Frau Markheim aus demselben Jahr geht Jenny erbarmungslos mit der preußischen Politik ins Gericht. »Gibt es etwas erbärmlicheres als das Schauspiel, das Preußen darbietet? Man weiß nicht, wer miserabler ist, König, Minister, Camarilla – oder das servile Volk – vor allem die elende, feige kriechende schweigende Presse! Man möchte sich oft mit Ekel von der ganzen Politik abwenden. …« Im Ausland, fügt sie hinzu, müsse man sich fast schämen, ein Deutscher – oder gar ein Preuße – zu sein. Solche Empfindungen waren auch ihrem Mann nicht fremd. Er hatte bereits 1843, damals unterwegs in Holland, Arnold Ruge wissen lassen: »Ich versichere Sie, wenn man auch nichts weniger als Nationalstolz fühlt, so fühlt man doch Nationalscham, sogar in Holland. Der kleinste Holländer ist noch ein Staatsbürger gegen den größten Deutschen.«

Nein, vom »Patriotismus« war man im Hause Marx nach all den bitteren Jahren des erzwungenen Exils offenbar geheilt. Allenfalls machte man sich noch einen Jux damit. Seit Engels in London lebe, erzählt Tochter Jenny im November 1870, verbringe man oft »sehr fröhliche Abende« zusammen. Kürzlich habe man sogar »eine große patriotische Veranstaltung« mit verschiedenen Darbietungen abgehalten. Marx und Engels seien mit der »Wacht am Rhein« aufgetreten – nach der Melodie von »Krambambuli« …

Eng mit dem schon angesprochenen Krieg von 1870/71 verknüpft war das große politisch-soziale Experiment der Pariser Kommune. Es überlebte nur wenige Wochen und wurde in einer konzertierten französisch-preußischen Aktion blutig niedergeschlagen. Schätzungsweise 30000 Kommunarden fielen dem Gemetzel zum Opfer. Wie nach der gescheiterten Revolution von 1848/49 ergoss sich auch jetzt ein großer Flüchtlingsstrom nach London. Schon vor Beginn des Kommune-Experiments war die Lage äußerst angespannt und das marxsche Haus zum »Bienenkorb geworden, voller aus Frankreich Verbannter«, wie Tochter Jenny am 19. November 1870 an Kugelmann berichtet. Ein gutes Jahr später, am 21. Dezember 1871, erzählt sie ihm, dass sie während der vorangegangenen drei Wochen von einem Vorort Londons zum anderen gelaufen sei (»was keine kleine Angelegenheit ist in dieser ungeheuren Stadt«) und bis um ein Uhr morgens Briefe geschrieben habe, um Unterstützung für die Flüchtlinge zu erhalten. Doch der Erfolg bei den hartherzigen, durch ihre Presse aufgehetzten Engländern sei ausgeblieben. So müssten die in London gestrandeten Kommunarden unbeschreiblich leiden: »sie sterben buchstäblich in den Straßen dieser großen Stadt – der Stadt, die das Jeder-für-sich-Prinzip bis zu seiner höchsten Vervollkommnung entwickelt hat.«

Marx hat der Kommune in seiner berühmten Schrift *Der Bürgerkrieg in Frankreich* ein Denkmal gesetzt. Wie er, so empfand auch seine Frau die blutige Niederlage als einen schweren Schlag. Beide verglichen den Untergang mit der Pariser Junischlacht des Jahres 1848. Zudem war Jenny persönlich betroffen: nicht nur durch das ungewisse Schicksal der Familie von Tochter Laura, auch der Tod eines engen Freundes, des Kommunarden Gustave Flourens, hat sie tief erschüttert. Sie hatte ihn erst kurze Zeit gekannt und offenbar ein sehr enges, vertrautes Verhältnis zu ihm entwickelt. Tochter Jenny war dem 1838 geborenen Flourens in ganz besonderer Weise zugetan. Der renommierte Anthropologe, weitgereist, arbeitete für verschiedene Zeitungen, war politisch aktiv, ein leidenschaftlicher Revolutionär und Anhänger von Auguste Blanqui, während der Kommune war er Mitglied der Militärkommission und Befehlshaber der 20. Legion.

Hatte Jenny noch einige Jahre zuvor Ernestine Liebknecht geschrieben, dass es im Alter stets schwieriger werde, sich neuen Menschen zu öffnen oder noch Freundschaften zu schließen, so zeigt ihre Bewunderung und tiefe Zuneigung für Flourens, dass es ihr doch immer wieder gelungen ist; bis in ihre späten Jahre blieb sie offen und begeisterungsfähig. Nach der Ermordung von Flourens schrieb sie einen Brief an Liebknecht, den dieser im *Volksstaat* veröffentlichte. Jennys Nachruf ist eine außerordentlich einfühlsame Würdigung dieses großen Kämpfers, die zudem erkennen lässt, welche Eigenschaften sie an einem Mann besonders schätzte – und sicher auch gewisse Rückschlüsse auf das Bild erlaubt, das sie von ihrem eigenen Mann hatte. »Flourens, der nun meuchlings gefallen ist von der Hand eines bonapartistischen Schergen, ... war eine durch und durch edle Seele. Kühn bis zur Verwegenheit, ritterlich, human, mitleidig, weich bis zur

Schwäche (nichts Menschliches war ihm fremd), war sein Geist reich gebildet, war er selbst gelehrt und ein Vertreter moderner Wissenschaft; jung, reich und mit feinen, gefälligen Manieren begabt, wendete sich seine warme impulsive Natur den Armen, Unterdrückten, Enterbten zu, nicht bloß den Kämpfenden und Ringenden im eigenen Lande, nein, sein großes Herz schlug für jede Nation, jede Rasse, jeden Stamm. Daher seine abenteuerlichen Züge von Land zu Land, wo es galt zu kämpfen und zu ringen. Selbst seine Feinde konnten nichts anderes von ihm sagen, als: ›Kühn wie ein Degen, gelehrt wie ein Lexikon.‹ Er war das rote Gespenst der Bourgeoisie, das sie in ihm verkörpert sah und daher mit rasender Wut verfolgte. Daher der fanatische Jubel in Versailles, das Siegeslächeln Picards, als die hohe schlanke Gestalt als erstes Opfer vorbeigetragen wurde.«

Jennys »Eigenständigkeit« manifestierte sich nicht nur in der politischen Einflussnahme auf ihren Mann oder seine Weggefährten, nicht nur in ihrem sicheren und selbstständigen politischen Urteilsvermögen, nicht nur in ihrer Streitbarkeit. Vielleicht am schönsten leuchtete ihre geistige Autonomie auf einem Gebiet, das nur entfernt mit Politik zu tun hatte, auf dem sie aber ihr profundes Wissen, ihre Intellektualität, ihre formale Brillanz wie nirgendwo sonst zur Geltung bringen konnte. In der zweiten Hälfte der 1870er-Jahre wurde sie zu einer vorzüglichen Feuilletonistin – doch sie zeichnete ihre Artikel nicht mit ihrem Namen. Wie auf politischem Gebiet, wo sie meist im Hintergrund wirkte, agierte sie auch hier gleichsam anonym.

Seit jeher war Jenny theaterverliebt. Schon zu ihrer Trierer Zeit hatte sie das örtliche Theater, das damals erst seit ein paar Jahren existierte, regelmäßig besucht – »unsre kleine Jammerbühne«, wie sie einmal abfällig urteilte. In späteren Jahren, in Paris, in Brüssel, erst recht in London boten sich da natürlich ganz andere Möglichkeiten. Aber insbesondere in London waren ihre Mittel derart begrenzt, dass sie oft auf Besuche verzichten oder sich mit den billigsten Plätzen zufriedengeben musste; manchmal kam sie über den Schriftsteller Ferdinand Freiligrath auch an Freikarten. In späteren Jahren kann sie ihrer großen Leidenschaft dann regelmäßiger und intensiver frönen. Ihre Theaterbegeisterung, verbunden mit ihrer intimen Shakespeare-Kenntnis, führt schließlich zu einem späten Glanzpunkt ihres Lebens.

Zwischen 1875 und 1877 schreibt Jenny fünf umfangreiche und viel beachtete Beiträge fürs Feuilleton der renommierten *Frankfurter Zeitung*. Sie kämpft für den großen Schauspieler Henry Irving und seine neuartigen Shakespeare-Deutungen, die von der Londoner Presse angefeindet werden. Tochter Eleanor hatte den Pariser Korrespondenten der Zeitung, Carl Hirsch, einen Freund der Familie Marx, auf das feuilletonistische Talent ihrer Mutter aufmerksam gemacht. So kam der Kontakt zur Redaktion zustande. Als sie erfahren habe, schreibt Jenny 1876 in einer Art Dankesbrief an Hirsch, dass man in Frankfurt Interesse zeigte, sei sie plötzlich von einem »Schreib-Raptus« angefallen worden und habe »auf frischer Tat« einen kleinen Beitrag über die Londoner Saison eingeschickt. Und dann folgt Jennys ebenso unvermeidliche wie sympathische Selbstironie. »Zu meinem Erstaunen war der

Wisch ein paar Tage nachher gedruckt und erschien im Feuilleton des 4ten April, Nummer 95, hinter dem Pariser Artikel über die Gräfin d'Agout, die ich vor 33 Jahren in Paris kannte, als sie dem jungen Herwegh nachlief und Heine sich vor ihr flüchtete.

Es ist mir gar kurios, daß ich in meinen alten Tagen und als bemoostes Haupt noch literarische entrechats mache und gar in Feuilletons Pirouetten drehe.«

Nehmen wir Jennys Kritik der Aufführung von Shakespeares *Richard III* am 1. Februar 1877 im Londoner Lyceum Theatre. Der umfangreiche Beitrag beginnt mit einem ebenso gelehrten wie polemisch-sarkastischen Rückblick auf die betrübliche Aufführungstradition dieses Dramas. Denn nur vor diesem Hintergrund kann sie ihren deutschen Lesern verständlich machen, welche Sensation dem Londoner Publikum an jenem denkwürdigen Premierenabend geboten wurde. »Unglaublich und unerhört wird es dem deutschen Shakespeare-Bewunderer vorkommen, daß seit den Tagen des großen Dramatisten, der unter seiner eigensten Leitung seinen *Richard III* im Globe- und Blackfriars-Theater aufführen ließ, daß seit jenen Tagen das Drama am Montagabend *zum ersten Male in dem Originaltext* einem englischen Publikum vorgeführt wurde.« Es ist der von Jenny so bewunderte und verehrte Henry Irving, der »den kühnen Gedanken, den Mut und die Energie« hatte, nach 177 Jahren der Verstümmelung und Verfälschung Shakespeares großes Werk wieder »in seiner reinen, unverfälschten, ursprünglichen Form« zu präsentieren.

Doch Jenny kann es nicht lassen: Ehe sie detailliert auf die Aufführung eingeht, widmet sie sich jenen, die sich im Publikumsraum dem Wagnis aussetzten. Sie liefert eine unnachahmliche, liebenswürdig-boshafte »Gesellschaftsanalyse«, die ein wenig an die brieflichen Fingerübungen erinnert, zu denen sie sich vierzig Jahre zuvor durch die Eigenarten ihrer elsässischen Tischgesellschaft hatte inspirieren lassen. Wie sehr Henry Irvings »gefährliches Experiment« gelungen ist, das bewiesen Jenny schon allein »die ungeheuren Massen, die am Montag die Türen des Lyceums belagerten. Parterre und Galerie wurden förmlich im Sturm eingenommen. In den Logen und Sperrsitzen thronte die Elite der Beaumonde, vielleicht auch der Demimonde, in Schönheit, Jugend und Eleganz. In diesem rotblühenden Garten sah man eine junge Schauspielerin, mit dem Dolly-Warden (eine Art von Schwarzwälder Bauernhäubchen) hoch auf den blonden Lockenkopf gestülpt, neben der greisen Herzogin im goldgestickten Mantel, neben der stark gepuderten, habichtnasigen Vollblut-Aristokratin den Sprößling einer noch älteren Aristokratie, ein schönes dunkles Kind, ein Töchterlein Israels, alles kunterbunt durcheinander. In den vordersten Reihen, dicht vor dem Orchester, tagte die heilige Feme, der Herren von der Presse, groß und klein. Wie sie da saßen, die Ritter vom Geist oder vielmehr von der Tinte und Feder, im schwarzen feierlichen Schwalbenschwanz, mit der kleinen musselinen Galakrawatte, um am folgenden Morgen ihr Urteil über Tod und Leben zu fällen!!!«

Erst nachdem alle ihr Fett abbekommen haben, widmet sich Jenny der Sache – und ins Zentrum ihrer Aufmerksamkeit stellt sie selbstverständlich den großen Henry Irving in der Titelfigur.

»Gleich nach dem ersten Monologe Glosters

›Nun ward der Winter unsres Mißvergnügens

Glorreicher Sommer durch die Sonne Yorks‹

trat atemlose Stille ein, und selbst die geräuschvollen Götter
des Paradieses lauschten zaubergebannt.

Irving wirft in seiner Auffassung Richards alle alten Tradi-
tionen über den Haufen. Er ist nicht der ›Bösewicht‹, der auf
der Bühne herumstampft mit buschigen Brauen und stereoty-
pem Mephistopheles-Ausdruck. Seine Deformität ist nicht so
auffallend gemacht, um ihn grotesk erscheinen zu lassen. Die
linke Schulter erhöht und ein leises hinkendes Gehen sind die
einzigen Merkmale. Aber wie weiß Irving durch die feinsten
Züge, durch kleine, fast unscheinbare Bewegungen seiner Ge-
sichtszüge, durch leises Zucken der gepreßten Lippen, durch
feines, sarkastisch aufblitzendes Lächeln, durch Handbewe-
gungen, Stimmreflexionen den abgefeimten Heuchler darzu-
stellen, der absoluter Meister in der Kunst der Verstellung ist,
seine verbrecherische Natur seinem Ehrgeiz unterordnet und
seine Niedertracht verdeckt und verhüllt durch das feinste
Gewebe von Trug, Heuchelei und Verstellung. Vor allem
übertreibt Irving nicht; mitten im höchsten Affekt bewahrt er
eine Art von prinzipieller Würde, und nie fällt er in den vul-
gären, tobenden Schurken des Melodrams herab.«

Jenny, so scheint es, charakterisiert hier nicht nur eine Fi-
gur Shakespeares, würdigt nicht nur eine schauspielerische
Leistung, sie beschreibt – wie in der oben zitierten Huldigung
an Gustave Flourens – auch einen Typus Mann, allerdings einen, der ihr herzlich zuwider ist.

Abschied

In ihren letzten Lebensjahren gönnt sich Jenny Kuraufenthalte, unternimmt Reisen, auch ins Ausland. 1875 fährt sie
allein nach Deutschland und in die Schweiz, wo sie auch ihrem Freund Johann Philipp Becker begegnet. 1877 ist sie zusammen mit ihrem Mann und Tochter Eleanor in Neuenahr,
einem kleinen Kurort am Rhein, zwischen Bonn und Koblenz. Dort bekommen sie längeren Besuch von ihrem alten
Freund Professor Carl Schorlemmer, einem in Manchester
lebenden Chemiker, Mitglied der Royal Society. Es ist nicht
sicher, ob Eltern und Tochter anschließend, wie oft angenommen, tatsächlich noch in den Schwarzwald gefahren
sind. Gewiss ist, dass sie in Koblenz waren, möglich auch,
dass sie noch einmal einen Abstecher zu ihren Anfängen, in
Richtung Trier, Kreuznach oder Bingen gemacht haben.
Nach einem Erholungsaufenthalt im Seebad Eastbourne von
Ende Juni bis zum 20. Juli 1881 fährt Jenny schließlich zusammen mit Karl und Lenchen zu Tochter Jenny und ihrer
Familie nach Argenteuil. Dort bleibt sie vom 26. Juli bis zum
16. August. Es sollte Jennys letzte Reise sein. Noch einmal
genießt sie das Zusammensein mit den Enkelkindern, noch
einmal sieht sie ihr geliebtes Paris, fährt mit Karl im offenen
Wagen durch die Boulevards. Da ist sie 67 und bereits eine
todkranke Frau. Jenny leidet an Krebs, ohne Aussicht auf
Heilung.

Marx weiß oder ahnt, was bevorsteht. Gegenüber seinen Korrespondenzpartnern kommt er immer öfter in Verzug und entschuldigt seine verspäteten Antwortschreiben mit dem Hinweis auf den Zustand Jennys. Friedrich Adolph Sorge in Hoboken erklärt er am 5. November 1880 sein »langes Stillschweigen« mit ihrer »lebensgefährlichen Krankheit«. Eine gute Woche später berichtet er Achille Loria in Mantua von »[f]amiliäre[n] Sorgen, hervorgerufen durch eine sehr gefährliche Krankheit meiner Frau«. Ein halbes Jahr später teilt er John Swinton in New York mit: »Leider nimmt ihre [Jennys] Krankheit mehr und mehr einen verhängnisvollen Charakter an.« Und einige Tage danach, wiederum an Sorge gerichtet: »Die Krankheit meiner Frau ist, unter uns gesagt, leider unkurierbar.«

Dies teilt er zur gleichen Zeit, im Juni 1881, auch Tochter Jenny in Argenteuil mit. Es gebe für »Möhmchen« keine Heilungschancen. Glücklicherweise seien ihre Schmerzen nicht derart, wie sie sonst in solchen Fällen zu sein pflegten. So könne Jenny noch mehrmals in der Woche die Londoner Theater besuchen. Sie halte sich »wunderbar«, doch die von ihr so sehr gewünschte Reise nach Argenteuil – die sei unverantwortbar und komme nicht infrage. Insofern betrachte er es als einen sehr glücklichen Umstand, dass die alte Freundin Lina Schoeler sie am Vortag überrascht habe und etwa einen Monat bleiben wolle …

Doch am Ende setzt sich Jenny durch. Ihre Sehnsucht nach der erstgeborenen Tochter und den kleinen Enkeln ist stärker als der »rationale« Einspruch ihres Mannes. Auch sie weiß, dass sie nicht mehr lange zu leben haben wird, und sieht sich obendrein – nachdem der französische Staat Mitte 1880 den ehemaligen Kommunarden die Rückkehr in ihre Heimat erlaubt hat – mit einem anderen gravierenden Problem konfrontiert. Dem Arzt Ferdinand Fleckles, den Marx während seiner Karlsbader Kuren näher kennengelernt hatte und den sie nun brieflich konsultiert, schreibt Jenny Ende September 1880: »Was in der neuesten Zeit meinen Zustand vielleicht verschlimmert, ist eine große Sorge, die auf uns ›Alten‹ [also auf ihr und Karl] drückt. Die französische Amnestie ist nach aller Voraussicht für uns gleichbedeutend mit dem Verlust aller unsrer Kinder und Kindeskinder. Und das eigne Übersiedeln nach Paris ängstigt mich in meinem jetzigen Zustand. Früher hätte ich rasch mein Bündelchen geschnürt und wäre den lieben Enkelchen nachgerutscht. Jetzt ist die alte Maschine nicht mehr so leicht in Bewegung zu setzen.« Ein Grund mehr für Jenny, ihre vielleicht letzte Gelegenheit, die Kinder noch einmal zu sehen, entschieden wahrzunehmen.

Ihr Brief an Dr. Fleckles, die Genauigkeit und Nüchternheit, mit der sie ihm ihre Krankheitssymptome schildert, zeigt, dass sie sich über ihren Zustand keinerlei Illusionen hingibt. Oder doch? Am Ende des Briefes schöpft sie aus dem Umstand, dass sie noch nicht abgezehrt ist, ihr Gewicht mit Not hat halten können, eine gewisse Hoffnung. Sie klammere sich an jeden Strohhalm, schreibt sie, und gesteht: »Ich möchte noch so gern ein bißchen länger leben, lieber, guter Doktor. Sonderbar ist's: je mehr die Geschichte zur Neige geht, je mehr hängt man an dem ›irdischen Jammertal‹.«

Als man einmal in Argenteuil ist, weiß Jenny den Aufenthalt – nicht ohne List – immer länger auszudehnen. Auch

Marx genießt, wie üblich, das Zusammensein mit der Familie, doch zugleich sorgt und ängstigt er sich um seine Frau. Er möchte lieber früher als später mit ihr zurück nach London. Jennys Verfassung ist sehr labil, am einen Tag erträglich, am anderen wird sie von starken Schmerzen geplagt. Einmal sind sie derart, dass der behandelnde Arzt ein Opiat injiziert. »Die temporären ›Besserungen‹«, schreibt Marx an Engels, »hindern natürlich nicht den natürlichen Fortschritt des Übels, aber sie täuschen meine Frau und befestigen Jenny – trotz meiner Einsprache – in dem Glauben, daß der Aufenthalt in Argenteuil möglichst lang währen müsse. Ich weiß die Sache besser und stehe um so mehr Angst aus.« Mit welch subtilen Mitteln Jenny ihren Aufenthalt zu verlängern weiß, offenbart ein Brief, den Marx am 9. August an Tochter Laura in London richtet: »Der Zustand Mamas bedenklich infolge zunehmender Schwäche. Ich wollte daher (da wir diesmal nur in kleinen étappes reisen können) Ende dieser Woche unter allen Umständen fort und teilte das der Patientin mit. Sie hat aber meinen Plan durchkreuzt, indem sie gestern unsre Wäsche fortgab. So nicht zu denken an Abreise vor Anfang nächster Woche.«

Schließlich kommt doch alles anders als geplant. Als Marx aus London die Nachricht von einer schweren Erkrankung Eleanors erhält, bricht er überstürzt auf und eilt zu seiner Tochter. Jenny und Lenchen reisen einige Zeit später nach.

Im Herbst 1881 tritt Jennys Krankheit in ihr letztes Stadium. Zur gleichen Zeit erkrankt auch Karl lebensgefährlich. Zusammen mit Lenchen pflegt Eleanor ihr »Mütterchen« und ihren »Mohr«, wie sie die Eltern liebevoll nennt, Tag und Nacht. »Es war eine entsetzliche Zeit. In der großen Vorderstube lag unser Mütterchen, in der kleinen Stube daneben lag Mohr. Und die beiden, die so aneinander gewöhnt, so miteinander verwachsen waren, konnten nicht mehr in demselben Raume zusammen sein.

… Mohr überwand noch einmal die Krankheit. Nie werde ich den Morgen vergessen, an welchem er sich stark genug fühlte, in Mütterchens Stube zu gehen. Sie waren zusammen wieder jung – sie ein liebendes Mädchen und er ein liebender Jüngling, die zusammen ins Leben eintreten – und nicht ein von Krankheit zerrütteter alter Mann und eine sterbende alte Frau, die fürs Leben voneinander Abschied nehmen.«

In den letzten Wochen ihres Lebens spielen sich in der Familie rührende Szenen der wechselseitigen Rücksichtnahme und Zuneigung ab. Marx möchte seine Tochter in Argenteuil schonen und sie nicht mit Bulletins über seinen und der Mutter Zustand belasten. Er ist verärgert, als er mitbekommt, dass Eleanor ihre Schwester dennoch informiert, weil sie glaubt, man dürfe sie nicht in Ungewissheit lassen. Tochter Jenny wiederum beklagt, dass die Enkelkinder von der Großmutter so weit entfernt sind, und glaubt, ihre Anwesenheit könnte ihr das Leiden erleichtern. Doch Laura beruhigt sie: »Am Punkt, wo wir jetzt sind, würde es nicht mehr viel helfen, wenn sie [die Kinder] hier in London wären. Es geht ihr leider schon zu schlecht, als daß sie sich noch an Kindergeplauder und an drolligen Kinderunarten freuen könnte, und es spricht sehr für ihre edle Natur, daß die armseligen Dienste, die ich ihr erweisen kann, sie immer noch so rühren und freuen. Es ist jetzt eine ganz andere Zuwendung nötig, um ihr Freude zu machen, als Kinder, auch die liebsten Kinder, ihr geben könnten. Und obwohl es großartig wäre, wenn sie sie hin und wieder kurz sehen könnte, bin ich sicher, daß diese Unmöglichkeit mehr als aufgewogen wird durch die Tatsache, daß sie in der Ferne die Gelegenheit hat, an sie zu denken, Pläne zu schmieden und sie sich in ihrem neuen Heim vorzustellen. Deine Briefe sind ein nie versiegender Quell der Freude. Sie hat Deine ganzen Haushaltseinrichtungen im Kopf und beschäftigt ihren Geist dauernd damit, auf welche Weise und mit welchen Mitteln Du es Dir noch bequemer machen könntest.«

Umso schlimmer ist es für die Mutter, dass ein Brief, den sie ihrer Tochter nach Argenteuil geschrieben hat und in dem sie sich nach vielen Einzelheiten ihrer Lebensumstände erkundigt, offenbar verloren gegangen ist. So wartet sie zunächst vergeblich auf ein Antwortschreiben. Niemand wagt es, sie damit zu konfrontieren, dass dieser Brief, der sie so viel Kraft und Mühe gekostet hat, seine Adressatin nicht erreicht haben könnte. Man versucht zu ergründen, welche Fragen es wohl gewesen sein mögen, die sie gestellt hat, um Tochter Jenny in die Lage zu versetzen, auf den nicht erhaltenen Brief doch noch zu antworten.

Jenny Marx stirbt am 2. Dezember 1881. Drei Tage später wird sie beigesetzt. Seine Traueransprache schließt Friedrich Engels mit den Worten: »Wenn es jemals eine Frau gab, die ihr größtes Glück darin gesehen hat, andere glücklich zu machen, so war es diese Frau.«

Karl Marx macht nur zwei Menschen von dem traurigen Ereignis persönlich Mitteilung: Den ersten Brief richtet er an Jennys Bruder Edgar in Berlin, den zweiten an Johann Philipp

Becker in Genf. Um die anderen Briefe kümmert sich Eleanor. Erst zwei Tage nach dem Tod ihrer Mutter kommt sie dazu, sich ausführlich an ihre Schwester Jenny zu wenden:

»Liebe, liebe Di,

ich muß Dir ein paar Worte schreiben, obwohl ich ganz krank vom Schreiben bin; ich hatte so viele Briefe zu erledigen, aber ich muß jetzt zu Dir sprechen. Du fehlst mir in diesem Augenblick *so sehr.* Liebe, ich schicke Dir eine Locke von Ihrem lieben Haar – es ist so weich und schön, als wäre es von einem Mädchen. Wenn Du nur ihr Gesicht hättest sehen können, als es zu Ende ging, der Ausdruck ihrer Augen war einfach unbeschreiblich. Er war nicht nur so klar – so klar wie sonst nur *Kinderaugen* sind –, sondern auch so zärtlich, wenn sie uns sah und erkannte, was sie bis zum Schluß getan hat. Das letzte Wort, das sie zu Papa sagte, war ›gut‹. Sie hat noch etwas hinzugefügt und hatte auch vorher viel gesprochen, aber wir konnten es nicht verstehen. O Jenny, sie sieht jetzt so schön aus! … Ihre Stirn war *völlig glatt,* als hätte eine sanfte Hand alle Linien und Falten weggestrichen, und das schöne Haar bildet eine Art Glorienschein um ihren Kopf.

Morgen ist die Beerdigung. Ich fürchte mich davor, aber Papa kann natürlich nicht gehen. Er darf das Haus noch nicht verlassen, und ich bin in jeder Hinsicht froh darüber. …

Bis zum *allerletzten* Augenblick hat sie mehr als an irgend jemand sonst an Dich und die Kinder gedacht, und *noch am Donnerstag* hat sie davon gesprochen, was sie Euch zu Weihnachten schicken wollte.

Liebe alte Di, ich kann jetzt nicht mehr schreiben, morgen abend schreibe ich Dir wieder.

Küß die lieben Kleinen für mich – und für Mama – sie liebte sie so.

Deine Tussy«

Zwei Tage nach der Beisetzung wendet sich auch Karl Marx an seine Tochter in Argenteuil, an sein »liebes gutes Jennychen«, und ruft die gemeinsamen Tage wieder wach, die man im vergangenen Juli und August in Frankreich verbracht hatte. Dass seine Frau recht hatte, als sie auf diese letzte Reise ihres Lebens keinesfalls verzichten wollte, hat Marx längst eingesehen. »Ich bin jetzt außerordentlich glücklich bei der Erinnerung, daß ich trotz vieler Bedenklichkeiten die Reise nach Paris gewagt! Nicht nur die Zeit selbst, welche die Unvergeßliche mit Dir und den Kinderchen zugebracht …, auch das Wiederdurchleben dieser Zeit während ihrer letzten Krankheitsperiode! Es ist ganz sicher, daß in dieser Periode Deine und der Kinder Gegenwart sie nicht so intensiv hätte zerstreuen können wie die ideale Beschäftigung mit Euch!« Wie vom Arzt vorhergesagt, habe der Krankheitsverlauf den Charakter eines allmählichen Hinschwindens angenommen, wie von Altersschwäche; auch in ihren letzten Stunden habe es keinen Todeskampf gegeben, sie sei allmählich entschlafen – »ihre Augen voller, schöner, leuchtender als je!«

Marx war tief bewegt von den vielen Kondolenzbriefen. Eigentlich waren ihm solche »meist nur konventionellen Kundtuungen« eher suspekt. In diesem Fall jedoch, so stellt er fest, seien »alle in Schätzung von Möhmchen von einem Geist der Wahrheit und einer tiefen Empfindung beseelt. … Ich erkläre das daraus, daß alles an ihr natürlich und wahr, unbefangen, nichts Gemachtes war; daher auch der Eindruck auf dritte Personen lebendig, lichtvoll. ...«

»Der Mohr ist auch gestorben«, hat Engels nach Jennys Tod gesagt. Eleanor war über diese Äußerung zunächst verärgert, musste aber schon bald einsehen, dass der Freund recht hatte. Auch viele andere haben es so gesehen. Jennys Bruder Edgar schrieb am 15. Juni 1883 an Engels: »Daß Karl sie nicht überleben würde, wußte ich genau.« Und Wilhelm Liebknecht in seinen Erinnerungen: »Mit *ihr* starb *er. Ihr* Tod war *sein* Tod. Das wußten wir alle, die ihn kannten.«

Nach dem Tod Jennys hat Marx noch fünfzehn Monate zu leben. Er reist durch halb Europa, sogar nach Nordafrika, nach Algier, um Linderung für seine Leiden zu finden. Vergeblich. Körperlich zerrüttet und auch geistig längst nicht mehr im Vollbesitz seiner Kräfte, beschäftigt er sich in der letzten Phase seines Lebens fast ausschließlich mit sich selbst, mit Jenny, mit seiner Familie. 1882 gesteht er Engels, »daß mein Denken zum großen Teil beherrscht wird von Erinnerungen an meine Frau, diesem Teil der besten Jahre meines Lebens!« Der große revolutionäre Denker geht am Ende im Privaten auf. Die ganze Wahrheit über seinen Gesundheitszustand enthält er den Kindern vor. »Warum sie ängstigen?«, fragt er Engels.

Es bleibt ihm nicht erspart, vor seinem eigenen Tod noch den seiner erstgeborenen, über alles geliebten Tochter Jenny erleben zu müssen. Sie erliegt im Januar 1883 einem Krebsleiden. Wenige Wochen später, am 14. März 1883, ist auch Karl Marx tot.

Derweil hat Eleanor, die sich nach dem Tod ihrer Schwester in Argenteuil um deren Kinder kümmerte, den kleinen, vierjährigen Henri (Harry), der schwer erkrankt ist, mit nach London gebracht, um ihn dort zu pflegen und zu versorgen. Doch sie kann ihn nicht retten. Der Junge stirbt eine Woche nach seinem Großvater und wird im Familiengrab beigesetzt.

Laura und Paul Lafargue bleiben nach ihren drei bitteren Verlusten kinderlos. Sie nehmen sich am 26. November 1911 in ihrem Haus in Draveil bei Paris gemeinsam das Leben, aus Furcht vor den Gebrechen des Alters und um ihren Freunden nicht zur Last zu fallen, wie Paul in seinem Abschiedsbrief schreibt.

Eleanor lebt nach dem Tod ihres Vaters noch fünfzehn Jahre. Sie leistet in dieser Zeit Beachtliches und Bedeutendes, doch persönliches Glück bleibt ihr versagt. Von ihrem Lebensgefährten Edward Aveling belogen, betrogen und ausgenutzt, nimmt auch sie sich, verzweifelt und einsam, am 31. März 1898 das Leben.

Drei Jahre vor ihrem Tod hat Eleanor ihre schon mehrfach zitierten Erinnerungen an die Eltern veröffentlicht. Fast zeitgleich hat sie Wilhelm Liebknecht für sein Erinnerungsbändchen briefliche Auskünfte gegeben. In diesen findet sich auch eine Passage über die letzte Lebensphase ihrer Mutter. Jenny habe, schreibt die Tochter, all die entsetzlichen Qualen, die mit der Krebskrankheit verbunden gewesen seien, tapfer ertragen. Und keinen Augenblick habe »ihr guter Humor, ihr unerschöpflicher Witz« sie verlassen. »Sie erkundigte sich ungeduldig wie ein Kind nach dem Ergebnis der damaligen Wahlen in Deutschland (1881), und wie jubelte sie über die Siege [der sozialdemokratischen Kandidaten]! Bis zu ihrem

Tode war sie heiter und suchte durch Scherze unsere Furcht um sie zu zerstreuen. Ja sie – die so furchtbar litt – sie scherzte – sie *lachte* – sie lachte uns alle und den Arzt aus, weil wir so ernsthaft waren. Bis fast zu dem letzten Augenblick hatte sie ihr volles Bewußtsein, und als sie nicht mehr sprechen konnte – ihre letzten Worte waren an ›Karl‹ gerichtet – drückte sie uns die Hände – und versuchte zu lächeln.«

War Jenny Marx, wie so oft behauptet wird, am Ende ihres Lebens eine »gebrochene Frau«? Sie war zweifellos eine Frau, der man über das Leben nichts mehr zu erzählen brauchte. Sie war von dem, was sie in ihren mehr als dreißig Londoner Exiljahren durchmachen musste, tief gezeichnet, um manche Illusion beraubt. Aber gebrochen? Nein, gebrochen war sie nicht. Jenny Marx wusste, wofür sie gelebt hatte – und mit wem.

Literaturhinweise

»Beschämend« und »schändlich« – so nannte Heinrich Böll den Umgang der deutschen Öffentlichkeit mit Jenny Marx. Man scheine diese große Frauengestalt des 19. Jahrhunderts vergessen zu wollen, schrieb er 1960. Seither hat sich nicht viel verändert. Zwar sind einige Biografien erschienen, doch nur zwei von ihnen kann man ernst nehmen:

Zum einen das Buch von **Lutz Graf Schwerin von Krosigk,** *Jenny Marx. Liebe und Leid im Schatten von Karl Marx. Eine Biographie nach Briefen, Tagebüchern und anderen Dokumenten,* Staats-Verlag, Wuppertal 1975.

Sodann die Studie von **Luise Dornemann,** *Jenny Marx. Der Lebensweg einer Sozialistin,* Dietz Verlag, Berlin 1984 (10. Aufl.).

Dornemanns Darstellung fungierte als offiziöse Jenny-Marx-Biografie der DDR. Ungeachtet seiner Verdienste leidet das Buch unter der dort üblichen Tendenz zur Heroisierung, zur Glättung von Konflikten und zur Vermeidung »unangenehmer« Themen. Schwerin von Krosigks Studie ist zwar nicht immer zuverlässig, auch nicht frei von immanenten Widersprüchen und irritiert zudem durch einige rüde Pauschalurteile; insgesamt handelt es sich aber um eine von Sach- und Menschenkenntnis getragene Darstellung, mit viel Einfühlungsvermögen in die jeweiligen Lebensumstände der Jenny Marx.

Neben diesen beiden großen Darstellungen sei noch auf eine kleine biografische Skizze hingewiesen: **Angelika Limmroth,** *Jenny von Westphalen – Die Frau von Karl Marx,* Galerie in der Burg, Großbodungen 2006 (3. Aufl.) (Bodunger Beiträge, Heft 6). Die anderen in deutscher Sprache erschienenen Jenny-Marx-Biografien kann man getrost vergessen. Jenny teilt da in gewisser Weise das

Schicksal ihres Mannes und ihrer jüngsten Tochter Eleanor. Über alle drei sind immer wieder unseriöse Werke erschienen, die sehr wenig über ihre Lebenswege und Persönlichkeiten verraten, aber viel über die Ressentiments, Obsessionen und mitunter perversen Fantasien der jeweiligen Autoren.

Eine andere Möglichkeit, sich Jenny Marx zu nähern, sind die Briefe. Wer keine wissenschaftlichen Ambitionen hat, sondern nur lesen oder schmökern möchte, sollte allerdings nicht etwa die Briefbände der (noch lange nicht abgeschlossenen) Marx-Engels-Gesamtausgabe konsultieren, sondern einschlägige Anthologien. Insbesondere zwei Editionen sind empfehlenswert:

Jenny Marx. Ein bewegtes Leben, zusammengestellt und eingeleitet von **Renate Schack,** Dietz Verlag, Berlin 1989.

»Sie können sich denken, wie mir oft zu Muthe war …«. Jenny Marx in Briefen an eine vertraute Freundin, hrsg. von **Wolfgang Schröder,** Verlag für die Frau, Leipzig 1989.

Auch das Büchlein von **Jörn Schütrumpf** (Hrsg.), *Jenny Marx oder: Die Suche nach dem aufrechten Gang,* Dietz Verlag, Berlin 2008, versammelt einige interessante Briefe und Dokumente; der einleitende Essay des Herausgebers ist allerdings über weite Strecken spekulativ und fragwürdig.

In den vergangenen Jahren sind immer wieder Briefe von Jenny Marx neu aufgefunden worden. Sie wurden ganz oder teilweise in die soeben genannten Anthologien aufgenommen; dennoch seien hier einige Erstveröffentlichungen solcher Funde genannt, zumal die Herausgeber diese teils sehr ausführlich kommentiert haben:

Bert Andréas, »Briefe und Dokumente der Familie Marx aus den Jahren 1862–1873 nebst zwei unbekannten Aufsätzen von Friedrich Engels«, in: *Archiv für Sozialgeschichte,* Band 2 (1962), S. 167–293.

Jürgen Reetz, *Vier Briefe von Jenny Marx aus den Jahren 1856–1860,* Trier 1970 (Schriften aus dem Karl-Marx-Haus, Nr. 3).

Heinrich Gemkow, »Neu gefundene Briefe von Karl und Jenny Marx«, in: *Beiträge zur Geschichte der Arbeiterbewegung,* Jg. 18 (Nr. 6, 1976), S. 1014–1029.

Jenny Marx' Leben lässt sich nicht nur aus ihren eigenen, sondern zumindest partiell auch aus den Briefen ihres Mannes erschließen. Neben den umfassenden Dokumentationen gibt es auch hier eine »handliche« Auswahl:

Karl Marx in seinen Briefen, ausgewählt und kommentiert von **Saul K. Padover,** C. H. Beck, München 1981.

Ebenfalls bedeutsam für das Verständnis der Jenny Marx ist ein Band mit Briefen ihrer Töchter: *Die Töchter von Karl Marx. Unveröffentlichte Briefe,* aus dem Französischen und aus dem Englischen von Karin Kersten und Jutta Prasse, ediert von **Olga Meier.** Kiepenheuer & Witsch, Köln 1981 (frz.: *Les filles de Karl Marx. Lettres inédites,* Éditions Albin Michel, Paris 1979).

Über das marxsche Familienleben insgesamt geben die beiden folgenden Bände Aufschluss:

Familie Marx in Briefen, zusammengestellt und eingeleitet von **Manfred Müller,** Dietz Verlag, Berlin 1966.

Familie Marx privat. Die Foto- und Fragebogen-Alben von Marx' Töchtern Laura und Jenny, kommentierte Faksimile-Edition, hrsg. von **Izumi Omura, Valerij Fomičev, Rolf Hecker** und **Shun-ichi Kubo,** mit einem Essay von Iring Fetscher, Akademie Verlag, Berlin 2005.

Unter den zahlreichen persönlichen Erinnerungen an Jenny Marx und ihre Familie ragt die mehrfach zitierte Schrift **Wilhelm Liebknechts** heraus:

Karl Marx zum Gedächtniß. Ein Lebensabriß und Erinnerungen, Wörlein & Comp., Nürnberg 1896.

Dieser Text findet sich auch in einem großen Sammelband, der viele andere Reminiszenzen von Zeitgenossen enthält: *Mohr und General. Erinnerungen an Marx und Engels,* Dietz Verlag, Berlin 1964.

Es gibt bis heute nur ein einziges Buch, das sich explizit dem Leben von Jenny *und* Karl Marx widmet, also als Doppelbiografie angelegt ist:

Otto Mänchen-Helfen/Boris Nikolajewsky, *Karl und Jenny Marx. Ein Lebensweg,* Verlag Der Bücherkreis, Berlin 1933. Dieses Buch ist eine Vorarbeit zu der großen Karl-Marx-Biografie der beiden Autoren, die 1937 zunächst in französischer Sprache in Paris herauskam. Eine deutsche Fassung erschien ein gutes Vierteljahrhundert später:

Boris Nikolajewsky/Otto Mänchen-Helfen, *Karl Marx. Eine Biographie,* Verlag J.H.W. Dietz Nachf., Hannover 1963.

In allen Karl-Marx-Biografien spielt selbstverständlich auch Jenny eine mehr oder weniger bedeutende Rolle. Obwohl seit hundert Jahren immer wieder große Biografien erschienen sind, gibt es bis heute keine, die – in den Worten Maximilien Rubels – »die vielfältigen Ausstrahlungen der geistigen Persönlichkeit von Karl Marx ... in ihrer Tiefe und Komplexität erfaßt« hätte. Damit bestätigt Rubel eine Befürchtung der Marx-Tochter Eleanor, die 1896 an Karl Kautsky schrieb, dass ihr Vater geistig so vielseitig und auf so zahlreichen Gebieten tätig gewesen sei, dass eine Gesamtdarstellung seines Lebens und Wirkens enorme Anforderungen stelle. »Ich kann nur verzweifeln, wenn ich an die Aufgabe denke, alle diese losen Fäden zu sammeln und zu einem Ganzen zu verknüpfen.« Unter den vorhandenen Biografien seien dennoch zwei empfehlenswerte genannt:

Die knappe Darstellung von **Werner Blumenberg,** *Karl Marx mit Selbstzeugnissen und Bilddokumenten,* Rowohlt, Reinbek bei Hamburg 1962 (seither zahlreiche Auflagen).

David McLellan, *Karl Marx. Leben und Werk,* aus dem Englischen von Otto Wilck, Edition Praeger, München 1974 (engl.: *Karl Marx, Life and Thought,* Macmillan, London 1973).

Ebenso wie die Biografien ihres Mannes geben auch Werke über ihre Töchter zumindest indirekten Aufschluss über Jenny Marx' Leben. Besonderes Interesse hat ihre jüngste Tochter Eleanor gefunden:

Yvonne Kapp, *Eleanor Marx, Vol. I: Family Life, 1855–1883, Vol. II: The Crowded Years, 1884–1898,* Lawrence and Wishart, London 1972, 1976.

Chushichi Tsuzuki, *Eleanor Marx. Geschichte ihres Lebens 1855–1898,* aus dem Englischen übersetzt von Harry Maòr, Colloquium Verlag, Berlin 1981.

Harald Wessel, *Tussy oder zweiunddreißig Reisebriefe über das sehr bewegte Leben von Eleanor Marx-Aveling,* Verlag für die Frau, Leipzig 1982 (4., bearb. Aufl.).

Das Leben aller drei Töchter behandelt der Band von **Olga Worobjowa/Irma Sinelnikowa,** *Die Töchter von Karl Marx,* aus dem Russischen übersetzt von Waldemar Dölle, Dietz Verlag, Berlin 1984 (4. Aufl.).

Über das Leben von Karl Marx gibt es zwei große Chroniken, die auch nützlich zur Orientierung über Jenny Marx' Lebensdaten sind:

Marx-Chronik. Daten zu Leben und Werk, zusammengestellt von **Maximilien Rubel,** Deutscher Taschenbuch Verlag, München 1983 (4., durchgesehene Aufl.).

Karl Marx. Chronik seines Lebens in Einzeldaten, zusammengestellt vom Marx-Engels-Lenin-Institut Moskau, Marx-Engels-Verlag, Moskau 1934.

Eine vor allem auf das private Leben der Familie Marx bezogene kleine Chronik findet sich im Anhang des Buches von **Ina Petschernikowa,** *Erziehung in der Familie Marx,* aus dem Russischen übersetzt von Helga Gutsche, um eine Familienchronik und Fotobeilagen ergänzt von Dr. Harald Wessel, Volk und Wissen, Berlin 1983 (2. Aufl.).

Im Folgenden werden, alphabetisch geordnet, noch einige Publikationen genannt, die sich bei der Arbeit am vorliegenden Buch als sehr nützlich und hilfreich erwiesen haben:

Bert Andréas, Jacques Grandjonc, Hans Pelger, »Karl Marx' Ausweisung aus Paris und die Niederlassung von Marx und Friedrich Engels in Brüssel im Frühjahr 1845«, in: *Studien zu Marx' erstem Paris-Aufenthalt und zur Entstehung der »Deutschen Ideologie«,* Trier 1990 (Schriften aus dem Karl-Marx-Haus Trier, Nr. 43), S. 213–243.

Bert Andréas, *Marx' Verhaftung und Ausweisung Brüssel Februar/März 1848*, Trier 1978 (Schriften aus dem Karl-Marx-Haus Trier, Nr. 22).

Helmut Elsner, »Karl Marx in Kreuznach 1842/43. Daten – Personen – Kreuznacher Exzerpte«, in: *Studien zu Marx' erstem Paris-Aufenthalt und zur Entstehung der »Deutschen Ideologie«*, Trier 1990 (Schriften aus dem Karl-Marx-Haus Trier, Nr. 43), S. 110–137.

Heinrich Gemkow, »Caroline Schoeler – eine Freundin der Familie Marx und Engels'«, in: *Marx-Engels-Jahrbuch*, Band 2 (1979), S. 241–250.

Heinrich Gemkow, »Helena Demuth – ›eine treue Genossin‹«, in: *Marx-Engels-Jahrbuch*, Band 11 (1988), S. 324–348.

Henrich Gemkow, *Karl Marx' letzter Aufenthalt in Deutschland. Als Kurgast in Bad Neuenahr 1877*, Marx-Engels-Stiftung, Wuppertal (Hrsg.), Plambeck, Neuss o.J.

Heinrich Gemkow, »Edgar von Westphalen. Der ungewöhnliche Lebensweg des Schwagers von Karl Marx«, in: *Jahrbuch für westdeutsche Landesgeschichte*, Jg. 25 (1999), S. 401–511.

Heinrich Gemkow, »Aus dem Leben einer rheinischen Familie im 19. Jahrhundert. Archivalische Funde zu den Familien von Westphalen und Marx«, in: *Jahrbuch für westdeutsche Landesgeschichte*, Jg. 34 (2008), S. 497–524.

Heinrich Gemkow/Rolf Hecker: »Unbekannte Dokumente über Marx' Sohn Frederick Demuth«, in: *Beiträge zur Geschichte der Arbeiterbewegung*, Jg. 36 (Nr. 4/1994), S. 43–59.

Jacques Grandjonc, »*Vorwärts!« 1844. Marx und die deutschen Kommunisten in Paris. Beitrag zur Entstehung des Marxismus*, J.H.W. Dietz, Berlin, Bonn-Bad Godesberg 1974.

Jacques Grandjonc, »Zu Marx' Aufenthalt in Paris: 12. Oktober 1843–1. Februar 1845«, in: *Studien zu Marx' erstem Paris-Aufenthalt und zur Entstehung der »Deutschen Ideologie«*, Trier 1990 (Schriften aus dem Karl-Marx-Haus Trier, Nr. 43), S. 163–212.

Jürgen Herres, »Karl Marx als politischer Journalist im 19. Jahrhundert«, in: *Die Journalisten Marx und Engels. Das Beispiel »Neue*

Rheinische Zeitung«, Argument-Verlag, Hamburg 2006 (Beiträge zur Marx-Engels-Forschung, Neue Folge 2005), S. 7–28.

Heiner Höfener (Hrsg.), *Marx/Engels. Die Diktatur der Phantasie. Zeichnungen und poetische Versuche*, Erb Verlag, Düsseldorf 1983.

»Jenny Marx als Theaterkritikerin«, in: *Shakespeare Jahrbuch*, Band 105 (1969), S. 54–69.

Bruno Kaiser, »Jenny Marx als Theaterkritikerin. Zu einer bedeutsamen Wiederentdeckung«, in: *Beiträge zur Geschichte der Arbeiterbewegung*, Jg. 8 (Nr. 6/1966), S. 1031–1042.

Egon Erwin Kisch, *Karl Marx in Karlsbad*, Aufbau-Verlag, Berlin/Weimar 1983.

Manfred Kliem, *Karl Marx und die Berliner Universität 1836 bis 1841*, Berlin 1988 (Beiträge zur Geschichte der Humboldt-Universität zu Berlin, Nr. 21).

Karl Marx/Friedrich Engels, *Vom Glück der Gemeinsamkeit. Über Liebe, Freundschaft, Solidarität*, Dietz Verlag, Berlin 1985.

Heinz Monz, »Unbekannte Kapitel aus dem Leben der Familie Johann Ludwig v. Westphalen«, in: *Archiv für Sozialgeschichte*, Band 8 (1968), S. 247–260.

Heinz Monz, »Die rechtsethischen und rechtspolitischen Anschauungen des Heinrich Marx«, in: *Archiv für Sozialgeschichte*, Band 8 (1968), S. 261–283.

Heinz Monz, *Karl Marx. Grundlagen der Entwicklung zu Leben und Werk*, NCO-Verlag, Trier 1973.

Heinz Monz, »Zwei Briefe aus Niederbronn (Elsaß). Berichte der Jenny von Westphalen aus dem Jahre 1838 an Karl Marx in Berlin und ihre Mutter Caroline von Westphalen in Trier«, in: *Kurtrierisches Jahrbuch*, Band 30 (1990), S. 237–252.

Heinz Monz, »Zur Biographie der Jenny von Westphalen«, in: *Neues Trierisches Jahrbuch*, Band 36 (1996), S. 141–148.

Heinz Monz, Konrad von Krosigk, Georg Eckert, *Zur Persönlichkeit von Marx' Schwiegervater Johann Ludwig von Westphalen*, Trier 1973 (Schriften aus dem Karl-Marx-Haus Trier, Nr. 9).

Manfred Schöncke, *Karl und Heinrich Marx und ihre Geschwister. Lebenszeugnisse – Briefe – Dokumente,* Marx-Engels-Stiftung e.V. (Hrsg.), Pahl-Rugenstein Nachfolger, Wuppertal, Bonn 1993.

Manfred Schöncke, »»Ein fröhliches Jahr in Bonn‹? Was wir über Karl Marx' erstes Studienjahr wissen«, in: *Quellen und Grenzen von Marx' Wissenschaftsverständnis,* Argument-Verlag, Hamburg 1994 (Beiträge zur Marx-Engels-Forschung, Neue Folge 1994), S. 239–255.

Alexander Subkow, »Horace Greely und die ›New-York Tribune‹ 1841–1872«, in: *Marx-Engels-Jahrbuch,* Band 11 (1988), S. 383–414.

Marlene Vesper, *Marx in Algier,* Pahl-Rugenstein Nachfolger, Bonn 1995.

Harald Wessel, *Marginalien zur MEGA nebst Randglossen über alte und neue »Marxologen«,* Akademie-Verlag, Berlin 1977.

Schließlich seien noch die bibliografischen Angaben zu dem im Kapitel »Lebenslange Liebe« erwähnten Essay Elluls sowie zu dem Marx-Text von Heinrich Böll genannt:

Jacques Ellul, »Lifelong Love«, in: Ders., *What I Believe,* übersetzt von Geoffrey W. Bromiley, William B. Eerdmans, Grand Rapids, Mich. 1989, S. 66–86 (frz.: *Ce que je crois,* Éditions Grasset & Fasquelle, Paris 1987).

Heinrich Böll, »Karl Marx« (1960), in: Ders., *Aufsätze – Kritiken – Reden I,* Kiepenheuer & Witsch, Köln/Berlin 1967 (ebenso Deutscher Taschenbuch Verlag, München 1969).

Der Autor

Ulrich Teusch, Prof. Dr., lebt als freier Publizist in Kassel. Er ist Hörfunkautor und schreibt Sachbücher. Zuletzt: *Was ist Globalisierung? Ein Überblick* (Darmstadt 2004) sowie im Rotpunktverlag *Die Katastrophengesellschaft. Warum wir aus Schaden nicht klug werden* (2008).